KB235635

교·과·서·에·나·오·는·위·인

화포 장군

최무선

엄기원 엮음 / 오윤희 그림

한국독서지도회

머리말

　최무선은 고려 말에 태어나 조선조 초기까지 활동한 뛰어난 과학자이자 발명가입니다.

　그는 그 당시, 감히 아무도 선뜻 손대지 못하던 화약 제조법을 연구하고 화통과 같은 무기를 발명하였습니다. 우리 나라의 과학과 국방에 한 획을 그은 큰 인물로 손꼽을 수 있습니다.

　고려 시대에는 후세에 우리가 잊지 못할 두 가지 큰 업적이 이루어졌습니다.

　그 하나는 문익점이 중국(원나라)에서 목화씨를 들여와 우리 나라에서 처음으로 목화를 재배한 사실이고, 또 하나는 최무선의 화약 제조라고 하겠습니다.

　문익점의 목화씨 전파는 국민 경제, 즉 산업에 큰 공적을 남긴 것이요, 최무선의 화약 제조는 외적을 무찌르고 국방을 튼튼히 하는 데에 큰 업적을 남긴 것이라 하겠습니다.

우리 나라는 예로부터 학문을 하는 사람을 높이는 반면에, 물건을 만들거나 장사를 하는 사람을 몹시 천하게 여겨 왔습니다. 그래서 부모들은 누구나 자식들에게 글공부를 시켜 벼슬을 하려고 애썼습니다.

이러한 시대에 최무선은, 숱한 어려움을 견디면서 일생을 화약 제조와 무기를 만드는 일에 바쳤던 것입니다.

여기서 우리가 깊이 깨닫고 배울 점은, '인간에게 불가능은 없다'는 사실입니다. 일생을 한 가지 일에 바친 최무선의 집념! 바로 인간 의지의 승리로 참으로 자랑스럽습니다.

첨단 과학 시대인 오늘날은 과학에다 나라의 장래를 걸어야 합니다. 나라의 장래를 짊어지고 나갈 꿈나무인 우리 어린이들이라면, 누구나 한 번씩 읽고 웅대한 뜻을 품어 볼 전기라고 여겨집니다.

차 례

좋은 집안에서 태어나

화약을 발명한 과학자 최무선.

그는 고려 말, 서울인 개경(지금의 개성. 북한에 있음)에서 태어났습니다. 태어난 연도는 정확하게 알려져 있지 않지만, 지금으로부터 약 650여 년 전쯤으로 추측됩니다.

최무선의 아버지 최동순은 광흥창사라는 벼슬 자리에 있었습니다. 관직에 있는 사람들의 봉급을 관리하는 관청의 우두머리 직책이었습니다.

"여보, 아기가 젖을 빠는 힘이 여간 야무지지 않아요."

"초롱초롱한 눈망울을 보니, 커서 뭔가 큰일을 하려는가 보오. 나라 사정이 어지러운데 훌륭한 일꾼으로 자랐으면 좋겠구려."

"그랬으면 오죽이나 좋겠습니까? 정말 큰 인물로 자랐으면…. 우리 가문의 기쁨이기도 하겠지만, 나라를 위한 귀한 일꾼이 되면 얼마나 기쁘겠어요?"

"그렇게 되도록 잘 기릅시다. 오랑캐들이나 왜구들의 코를 납작하게 만들어 줄 용감한 장군이나 되었으면 더 바랄 게 없겠구려. 하하."

부모의 이런 간절한 바람을 아는지 모르는지, 아기는 혼자 누워서 천장을 바라보면서 생글생글 웃었습니다.

아들인 최무선에 대한 부모의 기대는 참으로 컸습니다. 부모의

그런 기대를 안고 아기 최무선은 매우 총명한 아기로 무럭무럭 잘 자랐습니다. 아주 어릴 적부터 가만히 앉아 있기보다는 움직이기를 좋아하고, 손으로 무엇을 만져 조몰락거리기를 좋아하였습니다.

그 무렵, 나라의 사정은 퍽 시끄러웠습니다. 우리 나라 남쪽의 경상도와 전라도 지방에 왜구라고 하는 일본의 도둑 떼들이 쳐들어와, 닥치는 대로 곡식과 재물을 훔쳐 가고 집을 불태우며 행패를 부렸기 때문입니다. 순식간에 몰려왔다, 순식간에 물러가기를 반복하여 여간 골치 아픈 게 아니었습니다. 한 번 물리쳤다고 해서 끝나는 것이 아니었습니다. 잊어버릴 만하면 또 나타나고, 잊어버릴 만하면 또 나타나서 노략질을 해 가고, 사람을 죽였습니다. 그러므로 잠시도 평안할 날이 없을 정도였습니다.

나라 안에서도 이 일 때문에 아주 걱정이었습니다. 백성들이 편안하게 살도록 나라가 지키고 보호해 줘야 하는데 그렇지 못했기 때문입니다.

"이 일을 어쩌면 좋겠습니까? 백성들의 살림살이가 말이 아닙니다. 언제까지 이런 행패를 당하게 두어서는 안 되지 않겠습니까? 불안해서 마음놓고 농사도 지을 수가 없을 정도입니다."

"그럼요. 왜구놈들을 무찔러야지요."

"언제 왜놈들이 쳐들어와서 목숨을 잃을지도 모르는 처지에, 누가 농사를 열심히 지으려고 하겠습니까? 일손도 놓고 한숨만 쉬고 있는 처지니 정말 딱하기가 한량이 없습니다."

조정에서는 백성들을 보호할 여러 가지 방법을 강구하려고 했지만, 쉬운 일이 아니었습니다.

"후유, 골치 아픈 것이 어디 왜구뿐이오?"

　북쪽에는 압록강 건너에 원나라라고 하는 아주 크고 힘센 나라가 버티고 서서 고려를 괴롭혔습니다. 원나라는 고려를 만만히 보고 이것저것 시시콜콜하게 간섭을 해 왔습니다.

　"우리 원나라는 큰집이고, 너희 고려는 작은집과 같다. 그러므로 고려는 우리를 형님 나라로 깍듯이 섬겨야 한다. 우리가 원하는 것을 고분고분 잘 들어야 우리도 큰 나라로서 고려를 보호해 줄 게 아닌가!

　우리의 보호를 받아야만 고려가 안전하다는 것을 잊으면 결코 안 될 것이다. 돌이킬 수 없는 큰일을 당하고 나서 후회하지 말고 미리 잘 처신을 하도록 하여라."

　원나라는 사사건건 큰소리를 치며, 우리 나라의 정치까지 일일이 간섭하려고 하였습니다. 그리고 혼인 정책을 강력하게 주장하였습니다.

　"나라와 나라가 더욱더 친해지려면 서로 친척이 되어야 한다. 그러니 앞으로는 고려의 왕족과 원나라 왕실이 혼인을 맺어서 사돈이 되도록 하자. 고려의 임금과 우리 왕실의 공주가 결혼을 한다면, 우리는 영원히 사이좋게 서로 도우며 살 수 있을 것이다. 서로 친척이 되는데, 어찌 돕지 않겠는가?

　사이좋게 사는 가장 확실한 방법은 결혼을 하여 가까워지는 것밖에 없느니라."

　원나라에서는 이렇게 주장을 하였습니다.

　처음에 고려에서는 그 주장에 강하게 반대를 했습니다.

　"말도 안 되는 소리요! 거절해야 하오. 우리 민족은 순수한 혈통을 지녔는데, 야만적인 몽고족과 혼인을 한다는 것은 말도 안 되는 일이오."

“그렇소. 우리의 조상을 모욕하는 짓이오.

절대로 그럴 수 없습니다.”

모두들 반대 주장을 했지만, 힘이 약한 고려로서는 강한 원나라의 요구를 끝까지 거절할 입장이 못 되었습니다.

“혼인을 하지 않으면 전쟁을 벌일 기세니,

어쩌면 좋겠습니까?”

“일단 말을 들어 주면서 기회를 엿보는 게 좋을 듯하옵니다.”

“흠, 그럴 수밖에…….”

그리하여 우리 나라의 어떤 임금님은, 원나라의 비위를 상하지 않게 하려고 원나라 공주(임금의 딸)와 마음에도 없는 결혼을 하여 왕비로 맞아들이기도 하였습니다. 나라의 힘이 약하니, 이렇게 힘센 다른 나라의 눈치를 살피고 간섭을 받아야 했습니다.

신기한 불꽃놀이

어느 해, 설날 저녁이었습니다.

개경 사람들은 어둠이 깔린 거리로 쏟아져 나왔습니다. 사람들의 얼굴에는 흥미진진한 일을 기다리는 호기심으로 가득했습니다.

"왜 아직 아무 소리도 나지 않을까?"

"조금 더 어두워지면 빛을 볼 수 있을 거야."

"정말 불꽃이 하늘로 올라간다는 거야?"

"그럼! 하늘 저 높이 솟구치는데, 그렇게 아름다울 수가 없다구. 자넨 시골에서 와서 한 번도 불꽃놀이하는 걸 보지 못했구면? 우린 몇 번이나 봤다네."

고려 시대에는, 해마다 설날 밤이 되면 궁궐에서 많은 병사들이 화약을 터뜨려 불꽃놀이를 하는 풍속이 있었습니다.

"쏘아 올려라!"

임금과 신하들, 그리고 많은 궁녀들이 지켜 보는 가운데 사람들이 미리 준비한 화약을 하늘 높이 쏘아 올리는 것입니다.

"와, 빨리 쏘아 올렸으면! 얼마나 아름다울까?"

"마치 별처럼 반짝반짝 빛난다면서요?"

불꽃놀이를 구경하기 위해서, 궁궐 밖 거리에는 많은 사람들이 쏟아져 나와 하늘을 쳐다보고 있었습니다.

'따따따! 따닥따닥!'

드디어 불꽃놀이가 시작되었습니다.

'펑— 피익— 딱딱……'

하늘 위에서 요란한 소리를 내며, 오색 찬란한 불꽃이 마치 우산처럼 펼쳐졌다가 어둠 속으로 사라지곤 하였습니다.

"히야! 저 불꽃 좀 봐!"

"와, 멋지다! 하늘을 온통 불꽃으로 수놓는 것 같잖아? 이번 것은 아주 오래오래 있는데?"

불꽃을 쳐다보는 어른과 아이들은 손뼉을 치면서 기뻐하였습니다.

요란스런 소리와 함께 아무것도 없는 어두운 하늘에서 마치 별들이 부딪쳐 부서지는 듯 불꽃이 퍼지는 것은 여간 신기한 일이 아니었습니다.

"야, 저 불꽃은 굉장히 크다!"

"그래. 진짜진짜 신기해."

"저 불꽃을 나도 한 번 터뜨려 보았으면!"

이렇게 많은 아이들이 신기한 얼굴로 재잘대는데, 그 중의 한 소년만은 말 한 마디 하지 않고 무엇인가 골똘히 생각하며 서 있었습니다.

그 소년은 다름 아닌 최무선이었습니다.

"얘, 무선아! 너는 아까부터 무얼 그렇게 생각하고 있니? 저 아름다운 불꽃이 신기하지도 않아? 재미있지 않아?"

최무선의 손목을 잡고 구경 나온 어머니가 물었습니다. 아이답지 않게 조용한 것이 재미가 없어서 그런 게 아닌가 생각되었기 때문입니다.

"네, 참 아름다워요, 어머니! 그런데 어머니?"

무선은 궁금하다는 듯이 어머니의 손을 흔들면서 물었습니다.

"저 불꽃은 무엇을 가지고 저렇게 만들지요? 무엇으로 만들어 저렇게 높은 하늘까지 올라가게 된 것일까요?"

"아유, 그걸 내가 어떻게 알겠니? 그런데 그런 쓸데없는 것은 왜 자꾸 물어 보느냐? 그런 건 알 필요도 없지 않느냐?"

어머니는 아들을 보고 나무라는 듯이 말했습니다.

"그래도 궁금한걸요."

최무선은 작은 목소리로 중얼거렸습니다. 너무 작게 중얼거렸기 때문에 새롭게 터지는 불꽃에 정신이 팔린 어머니의 귀에는 들리지도 않았습니다.

'탁탁, 따따따… 딱딱!'

주위가 어두워지자 불꽃은 한결 더 아름답게 피어 올랐습니다.

"우리 더 높은 곳으로 가 볼까? 높은 곳으로 조금만 더 올라가면 불꽃이 한눈에 다 보일 거야."

어머니는 다른 사람들 틈을 비집고, 무선의 손목을 끌다시피 하면서 더 높은 언덕으로 올라갔습니다. 높은 곳으로 올라갈수록 하늘이 더 넓어지면서 불꽃도 한눈에 다 들어왔습니다.

"와!"

"히야! 이렇게 아름다울 수가!"

여기저기서 끊임없이 구경꾼들의 환성이 터졌습니다.

어린 소년 최무선의 눈에는 하늘에서 춤추는 불꽃이 한없이 신기하게만 보였습니다. 마치 요술쟁이가 하늘 위에서 제 마음껏 요술을 부리고 있는 듯이 생각되었습니다.

'흐, 화약이라는 게 도대체 무엇이길래 저렇게 아름다운 불꽃을 피게 할까? 그 화약을 한 번 볼 수는 없을까?'

밤이 깊어지자 불꽃놀이는 끝났습니다. 거리에 몰려나와 구경하던 사람들이 하나둘 흩어져 집으로 돌아갔습니다.

"아이참, 좀더 보았으면!"

"내년 설날을 기대하는 수밖에요."

사람들은 모두들 아쉬워하면서 돌아갔습니다.

최무선은 집으로 돌아오자마자 곧 아버지가 계시는 사랑방으로 갔습니다.

"아버님, 소자이옵니다."

"그래, 무선아, 불꽃놀이는 잘 보았느냐?"

"네, 아버지. 그런데 그 불꽃은 화약으로 만든다면서요?"

아버지는 그런 것도 다 아느냐는 기특해하는 표정으로 대답했습니다.

"그렇다더구나. 그런데 그건 왜 묻는고?"

"화약은 무엇으로 만드나요? 그게 궁금해서 그럽니다."

"허허, 그거야 낸들 알 수 있느냐. 그것은 굉장한 비밀이라서 백성들은 아무도 모른단다."

"그럼, 대궐 안에는 화약을 만드는 사람이 있을까요? 불꽃을 쏘아 올리는 사람들은 알지 않을까요?"

"우리 나라에서는 그 화약을 만들지 못한단다. 중국에서 어렵게 구해다 쓴다고 하는 것 같더라. 그러니 우리 나라 사람들 중에서는 아는 사람이 없지 않겠느냐?"

"그럼, 화약 만드는 법을 중국 사람들한테 물어 보면 알 수 있겠군요?"

"중국 사람들이야 알겠지.

그러나 그것은 나라의 아주 중요한 비밀이라서, 화약을 만들 줄

안다 하더라도 가르쳐 줄 리가 없지.”

“무엇 때문에 그럴까요? 나 같으면 얼른 가르쳐 주겠는데…….”

“원, 녀석도. 네 생각은 그렇지만, 나라와 나라 간에는 그렇지 않단다. 그 화약 한 덩어리 값이 얼마나 비싼데, 화약 만드는 비밀을 다른 나라에 마구 가르쳐 주겠느냐? 자기들만 만들어야 다른 나라에 비싸게 팔 것 아니냐? 모든 나라에서 다 화약을 만들 줄 안다면, 누가 비싼 돈을 주고 화약을 사겠느냐? 안 그래?”

“아, 그렇겠군요. 제가 그 생각을 못 했어요.”

“그뿐이 아니지. 그 화약은 무서운 힘을 내며 터지기 때문에, 전쟁을 할 때에는 무기로도 쓰인단다.”

“어떤 무긴데요?”

“글쎄, 보지 못해서 자세히는 모르겠다만, 아주 무서운 무기가 된다더구나. 칼이나 창은 아주 가까운 곳에 있는 적만 무찌를 수 있잖니? 그런데 화약은, 멀리 있는 적에게 던져서 터지도록 할 수 있거든. 터지면서 무서운 힘으로 적을 죽일 수가 있단다. 그러니 화약을 가진 쪽과 안 가진 쪽이 싸운다면 어떻게 되겠느냐? 화약을 가진 쪽이 훨씬 유리하다는 게 뻔하지 않겠어?”

“네, 화약은 참 무섭고도 신기한 것이군요.”

“우리 나라에서 만들어 낼 수만 있다면, 오랑캐도 무섭지 않고 왜구놈들도 겁낼 필요가 없을 게다.”

아버지는 말을 하면서도 한숨을 쉬었습니다. 이웃 나라들보다 힘이 약해 늘 눌려 살고 침략을 받는 조국에 대한 걱정 때문이었습니다.

어린 무선은 아버지 말씀을 듣고, 싸움터에서 화약이 터지는 모습을 머릿속에 그려 보았습니다.

설날 밤, 불꽃놀이를 본 후부터 어린 무선의 머릿속에서는 언제나 신기하고도 무서운 화약에 대한 생각이 떠나지 않았습니다. 밤 하늘을 아름답게 수놓은 멋진 불꽃들! 그러면서 강력한 무기로서 무서운 힘을 발휘하는 화약! 최무선은 화약에 대한 호기심을 누르지 못하였습니다. 그러면서 이런 안타까운 생각을 하였습니다.

'우리 나라 사람들은 참 이상하고도 답답하구나. 중국에서 화약 만드는 법을 배워 오지 못하면, 비싸게 사들여 온 화약을 놓고 이것저것 실험해 볼 것이지…. 그런 것도 안 해 보고 무얼 하는 거지? 언제까지나 비싸게 사 올 생각만 하는 걸까? 값이 비싸면 많이 사 올 수도 없고, 실용화시킬 수도 없을 것이다. 하루빨리 화약 만드는 법을 알아 내야 하겠는데! 그래야만 우리 나라의 힘만으로도 만들어 낼 수가 있을 텐데!'

생각에 골몰한 무선은 자기도 모르게 두 주먹을 꼭 쥐면서 나지막하게 중얼거렸습니다.

"중국 사람은 만드는데 왜 우리는 못 만들까? 우리 민족이 중국 민족보다 못할 건 없지 않을까? 열심히 연구하고 공부한다면 못 만들 리가 없을 것이다. 지레 겁을 내어 만들 생각조차 하지 않는 데 문제가 있어. 충분히 연구하면 만들 수 있을 것 같은데……."

아이답지 않게 번쩍이는 눈이 새로운 목표를 향해서 강렬하게 빛을 뿜고 있었습니다.

대장간 구경

최무선이 살던 그 당시만 해도, 벼슬하는 양반 댁에서는 손을 움직여서 일하는 것을 아주 좋지 않게 생각했습니다. 그래서 손으로 무엇을 만들고 짜 맞추는 등의 과학 기술을 몹시 천하게 여겼습니다.

"그런 일은 상것들이나 하는 것이지, 어디 감히 양반의 자손이 손을 대느냐! 안 될 일이로다!"

이렇게 생각했기 때문에 그런 것에 관계된 일은 아주 천한 상민들이 해야 했습니다. 우리 나라의 과학이 다른 나라들에 비해서 발달하지 못한 까닭이 바로 여기에 있는 것입니다.

그러나 어려서부터 관찰력이 뛰어났던 최무선은 무엇을 보면 뜯어 보고 만들어 보기를 좋아하였습니다. 그래서 집에서 책을 읽다가도 심심하면 자주 마을에 있는 대장간으로 놀러 갔습니다.

대장간에서 일하는 아저씨들은 비록 신분이 낮은 사람들이었지만, 추운 겨울에도 땀을 뻘뻘 흘리며 쇠망치질을 하는 모습들이 아주 늠름해 보였습니다. 그 아저씨들의 구릿빛 팔 아래서 낫이며 칼이며 망치들이 만들어져 나오는 것을 보고 있노라면 시간 가는 줄을 모를 정도로 재미가 났습니다.

어린 무선이 몰래 대장간에 들어서면, 아저씨들이 깜짝 놀라면서 쫓아 보내려고 하였습니다.

"아이고, 또 오셨습니까요?
도련님은 이런 곳에 오면 안 됩니다요!"
"아저씨, 조금만 구경하다 갈게요."
"글쎄, 도련님 댁에서 알면 공연히 쉰네들만 꾸중을 듣습니다.
저희들이 꾸중듣는 게 좋으시진 않겠지요?"
"그럼요. 아주 조금만 구경하고 얼른 갈 테니 걱정 마세요. 네?"
무선의 말에 아저씨들도 그만 웃음을 짓고 마는 것이었습니다.
"허허. 그럼 정말 조금만 있다 가셔야 합니다요?"
무선은 구석에 쪼그리고 앉아, 새로 만들어 놓은 호미며 낫이
며 망치를 신기한 듯이 조심조심 만져 보는 것이었습니다.
한참 앉아 구경하던 무선은, 아저씨들이 망치질하는 것에 호
기심이 생겼는지 가까이 다가와서 말을 붙였습니다.
"아저씨, 나도 한 번 쳐 보고 싶은데 안 될까요? 그 쇠망치
이리 좀 줘 보세요."
아저씨들은 기겁을 하고 손을 내저었습니다.
"아이참, 도련님도! 쓸데없는 말씀 마시고 어서 집으로 돌아가
시라니까요. 어머님이 찾으러 나오시면 어쩌시려고 그러세요?"
"나도 한 번만 만들어 보고 갈게요. 그렇지 않으면 온종일 여
기 쪼그리고 앉아 있을 거예요. 어머니가 나오실 때까지 안 갈
거예요."
대장장이 아저씨들은, 무선이가 날마다 곁에 와서 떼쓰듯 졸라
대는 것이 귀찮기도 했지만, 한편으로는 귀엽고 기특하다는 생각
이 들었습니다.
"도련님! 양반 댁 도련님들은요, 이런 일에 흥미를 가지면 안
되는 거예요. 부지런히 글공부를 해서 높은 벼슬을 해야 하는

겁니다요."

"그럼요! 이런 일은 우리 상것들이나 하는 것이고요."

그러나 그 말에도 무선은 물러서지 않았습니다.

"아저씨, 그런 말씀이 어디 있어요? 이 일은 절대로 천한 일이 아니에요. 쇠붙이로 이렇게 쓸모 있고 좋은 물건을 만들어 내는 일이 얼마나 귀중해요? 나도 한 번 만들어 볼게요."

한 번 해 보고 싶은 일은 아무리 말려도 기어이 하고야마는 고집쟁이 최무선이었습니다.

"허, 참! 도저히 방해가 되어 일을 못하겠구먼. 정 그러시다면, 딱 한 번만 두들겨 보세요. 자, 조심하고……."

한 아저씨가 커다란 쇠망치를 무선에게 주었습니다.

다른 아저씨는 커다른 집게로 벌겋게 달아오른 쇳조각을 하나 집어 내었습니다. 그리고 한쪽 손에 든 조그만 망치로 무선이 내리쳐야 할 곳을 '톡톡' 두들겨 주었습니다.

"도련님, 여기를 쳐요! 여기를요!"

"네, 알았어요."

무선은, 그 아저씨가 가리키는 것에 망치질을 하였습니다.

처음엔 둥글넓적하던 쇳조각이 망치질을 받자, 이리저리 다듬어져 마침내 예쁜 식칼이 되었습니다.

"도련님, 보통이 아니십니다요. 훌륭한 칼을 만들어 내셨어요."

"와, 신난다! 내가 만든 칼……."

무선의 이마에는 구슬 같은 땀방울이 송골송골 맺혔습니다. 그러나 처음 만들어 본 기쁨에 입가에는 웃음이 벙글벙글 묻어 있었습니다.

양반들은 대장장이의 일을 몹시 천하게 여겨 대장장이들까지

얕보는데, 양반집 도련님 최무선은 손수 쇠망치질을 하며 연장을 만들어 보려고 하였습니다. 대장간 아저씨들은 그런 최무선이 몹시 귀엽고, 또 고맙기까지 하였습니다.

무선은 다음 날 글방 공부가 끝나자마자, 또 부리나케 대장간에 찾아갔습니다.

좀이 쑤시고 눈앞에 칼이며 호미가 어른거려서 얌전히 집으로 돌아갈 수가 없었습니다. 대장간의 아저씨들은 이번에는 처음부터 눈살을 찌푸렸습니다.

"도련님, 또 오시면 어떡해요. 빨리 집으로 돌아가세요. 공연히 우리까지 혼난단 말이에요."

"아저씨, 걱정 마세요. 오늘은 글방에서 오는 길인걸요."

"그래도 안 돼요. 집에 돌아올 시간이 지나면 찾아 나설 게 아닙니까요? 아주 경을 치실걸요?"

"오늘은 낫을 하나 쳐 볼게요. 네? 매를 맞아도 괜찮아요."

"허허, 도련님 고집은 꺾을 수 없단 말이야."

대장장이 아저씨들은 최무선의 귀여운 고집에 못 이겨, 이번에는 낫을 만드는 법을 가르쳐 주고 해 보라고 하였습니다.

"정말이세요? 아이, 신난다!"

그 날도 무선은, 마치 전쟁터에서 이기고 돌아오는 개선 장군처럼 기쁜 마음으로 집에 돌아왔습니다.

그런데 어머니가 눈치를 채고 말았습니다. 한창 글공부에 정신을 쏟아야 할 아들이 대장간에 드나들면서 대장장이들과 어울린다는 것을 눈치챈 어머니는 은근히 걱정이 되었습니다.

'후유, 저 녀석이 장차 커서 뭐가 되려고….

공부는 안 하고 날마다 틈만 나면 대장간에 드나든담?'

어느 날, 걱정이 된 어머니가 무선을 불러 앉혔습니다.

"얘, 무선아. 너는 요즘 글공부에 힘쓰지 않고 엉뚱하게 대장간엘 자주 간다면서? 가기만 하면 한나절을 다 보내고 온다고?"

"네, 어머니. 대장간에 가서 낫이랑 호미를 만들어 보았어요. 그 아저씨들이 가르쳐 주는 대로 해 보니, 아주 잘 만들어지던걸요. 어렵지도 않고 무척 재미가 있어요."

"너, 지금 무슨 말을 하는 게야? 듣기 싫다! 그런 상것들이나 하는 일을 네가 하다니…, 그게 될 말이냐?"

어머니는 몹시 못마땅한 얼굴로 아들을 나무랐습니다. 무선은 어머니가 그렇게 화를 내시는 모습을 처음 보았습니다. 그러나 대장간에 가서 낫이나 호미를 만드는 일이 왜 그렇게 나쁜 일인지 무선은 알 수가 없었습니다.

"어머니, 물건을 만드는 일이 뭐가 나쁜가요? 글공부도 중요하지만, 물건을 만드는 것은 더 중요한 일이에요. 우리 나라 사람들이 기술은 하나도 익히지 않고, 모두 글공부만 한다면 어떻게 되겠어요? 누가 생활에 편리한 낫을 만들고 호미를 만들겠어요? 모두들 자기가 잘할 수 있는 일을 찾아서 해야 하지 않을까요? 기술을 익히는 일이 그렇게 천한 일이라고는 저는 생각지 않아요."

어머니는 조리 있는 무선의 말에 잠시 할말을 잊은 듯 가만히 있다가 말을 이었습니다.

"아니다. 예전부터 서로 해 오던 일이 달랐느니라. 그러니까, 너처럼 양반집 아들에게는 글공부를 시키고, 천한 상것 아이들에게는 기술을 가르치지 않니! 네가 어디 천한 집 자식이더냐? 그러니까 다시는 대장간 근처에도 얼씬하지 말도록 해라. 어미의 말을 알겠느냐?”

그러나 무선은 고개를 저었습니다.

“아니에요, 어머니. 제 생각은 어머니 생각과는 다릅니다. 지금 저 남쪽에 왜구들이 쳐들어와 백성들을 못살게 굴어도, 우리에게는 그들을 물리칠 힘이 없잖아요? 그게 모두 기술을 천하게 여긴 때문이라고 저는 생각해요. 우리도 중국처럼 일찍이 열심히 연구를 해서 화약을 만들고 무기를 만들어 냈다면, 왜구쯤은 문제도 안 되었을 거예요.”

어머니의 꾸중을 들으면서도, 무선은 자기의 생각을 굽히지 않고 똑똑하게 이야기하였습니다.

“허, 이 애가 참!”

구구절절이 무선의 옳은 말에 어머니는 끝내 말문이 막히고 말았습니다.

무선은 어렸을 적부터 책읽기를 아주 좋아하였습니다.

글방 동무들과 공부를 하다가 틈틈이 전쟁놀이를 즐겨 한 무선은, 전쟁 이야기나 전쟁을 할 때에 잘 싸워 이길 수 있는 방법 등이 적혀 있는 책을 재미있게 읽었습니다.

전쟁에서 이길 수 있는 여러 가지 방법을 적어 놓은 책을 ‘병서’라고 하는데, 무선은 그런 책을 아주 좋아하였습니다. 이 병서는 과학과 깊은 관계가 있는 책입니다.

‘병서’에 재미를 붙여 최무선은 무엇이든 만들어 보고 싶어하는 소년이었지만, 결코 글공부를 게을리 하지 않았습니다.

어린 무선은 책을 읽으면서, 책 속에 나오는 주인공들의 용맹스런 모습을 눈앞에 그려 보곤 하였습니다.

또 어렸을 때부터 이런 책들을 즐겨 읽은 무선은,

'나도 커서 이 책 속에 나오는 주인공들처럼 용감하고 훌륭한 장수가 되고 싶다. 그러자면 몸도 튼튼하고, 한신이라는 사람처럼 남의 앞에서 져 주는 체하는 좋은 꾀도 쓸 줄 알아야겠다.'

이렇게 생각하고, 활쏘기·사냥하기·칼쓰기 같은 무술을 부지런히 닦았습니다.

이른 새벽이나 늦은 밤에, 모두 잠든 뒷마당에서 혼자 무술을 닦으며 꿈을 키웠습니다. 하루도 게을리 보내는 날이 없었습니다.

어느 늦은 봄날이었습니다.

무선은 어머니와 함께 나들이를 하게 되었습니다. 만월대 뒷산인 송악산 밑을 걷고 있었습니다. 무선은 푸른 소나무 숲을 바라보면서 아름다운 새 소리를 들으니 마음이 흐뭇하였습니다.

"어머니, 저 소나무 숲 사이를 보세요.

파란 하늘이 너무 아름다워요."

“그래, 우리 나라가 이렇게 아름다우니까, 오랑캐들이나 왜구들이 자꾸 탐을 내는 거란다.”

“어머니, 오랑캐들은 정말 눈곱만큼 인정도 없는 무섭고도 사나운 사람들이라면서요?”

“그럼. 닥치는 대로 죽이는 무서운 사람들이지.”

몽고 사람과 원나라 사람들은 매우 사납고 포악하다는 말을, 무선은 친구들이나 어른들로부터 자주 들었던 것입니다.

“우리 나라에 들어와 있는 몽고나 원나라 사람들에게 우리가 힘을 못 쓰는 까닭이 뭐예요? 왜 우리가 그들에게 굽실거려야 하나요?”

어머니는 대답하기가 마음이 아픈 듯 얼굴빛이 조금 어두워졌습니다.

“그게 다 우리 나라가 힘이 약하기 때문이란다. 우리가 원나라 몽고보다 더 크고 강해 봐라. 오히려 그들이 우리에게 굽실거릴 게다.”

“어머니, 정말 억울해요.

우리가 오랑캐들한테 힘을 못 쓰다니요.”

“억울해도 할 수 없지. 힘이 없는데 어쩌겠니…….”

무선이 어머니와 함께 마을로 들어섰을 때였습니다.

이상스런 모자를 쓴 젊은 원나라 사람이 우리 나라의 늙은 장사꾼을 마구 때리며 발길로 차는 것이었습니다.

그런데도 멀찌감치 서서 모두들 바라보고만 있을 뿐, 아무도 말리거나 나무라는 사람이 없었습니다.

“어머니, 저 오랑캐 좀 보세요. 저렇게 늙은 할아버지를…….”

“쉿! 아무 말도 하지 말아라. 어서 지나가자꾸나.”

어머니는 무선의 팔을 잡고 서둘러서 그 곳을 지나가려고 하였습니다.

최무선은 울화가 치밀어 올라 견딜 수 없었으나, 어린아이의 힘으로는 어쩔 도리가 없었습니다. 하는 수 없이 무선은, 구경만 하고 서 있는 젊은이에게 물어 보았습니다.

"아저씨, 왜 저러지요? 저 원나라 사람이 왜 할아버지를 저렇게 때리고 발길로 차나요? 무슨 죄를 지으셨나요?"

"잘못은 무슨 잘못을 했겠느냐? 저 사람은 인삼 장사를 하는 원나라 장사꾼인데, 저 노인이 자기에게 인삼을 싸게 팔지 않는다고 저렇게 무지막지하게 행패를 부리는 거란다."

"네? 싸게 팔지 않는다고 저렇게 때려요? 나이 드신 분을?"

무선은 자신도 모르게 두 주먹을 불끈 쥐고 부르르 떨었습니다. 분노를 참지 못해 무선의 눈에는 어느덧 눈물이 그렁하게 괴어 있었습니다.

'저 나쁜 오랑캐…!

언젠가는 기어이 혼을 내 주고 말 거야!'

무선은 마음 속으로 굳게 결심하고 또 결심하는 것이었습니다.

지켜 가야 할 고려인의 얼

최무선이 13살이 되었을 때의 일입니다.

하루는 책상 앞에 단정히 앉아서 한문을 쓰고 있었습니다.

그 때 기침 소리와 함께 아버지가 들어왔습니다. 최무선은 얼른 자리에서 일어나 아버지를 맞았습니다.

"허허, 앉거라. 무얼 하고 있었느냐?"

"네, 잠시 시간이 나서 한문 공부를 좀 하고 있었습니다."

"그래? 어디 글씨를 좀 볼까?"

아버지는 최무선이 써 놓은 글씨를 흐뭇한 표정으로 들여다보았습니다.

"오, 인제 글씨가 꽤 틀이 잡혀 가는구나."

"부끄럽습니다, 아버지."

아버지는 자리에 앉더니, 웃음 띤 얼굴로 아들에게 말했습니다.

"무선아, 우리 나라에 한자가 들어온 것이 어느 때인지 알고 있느냐?"

"네, 알고 있습니다, 아버지."

"그래, 한자가 이 나라에 들어온 것은 서라벌이 고구려와 백제를 멸망시킨 무렵이었느니라.

이 한자가 들어온 이후로 우리의 옛것들이 안타깝게도 모두 중국식으로 바뀌고 말았지. 참 안타까운 일이다. 또 진시황은

만리 장성을 쌓고 나서, 성의 바깥쪽에 있는 민족을 오랑캐라
고 불렀단다. 북적(흉노)이니, 동이니 하는 말을 들어 본 적이
있겠지?

동이가 바로 우리를 가리키는 말로, '동쪽 오랑캐'라는 뜻이
란다."

무선의 눈이 반짝 빛났습니다.

"동쪽 오랑캐가 우리라고요?"

"그래, 그 얼마나 가소로운 일이냐?"

아버지의 얼굴은 아무리 생각해도 울화가 치밀어 못 견디겠다
는 듯 붉게 상기되었습니다.

"중국인들은 다른 나라를 가리켜, 신라니 여진이니 몽고니 하
고 두 글자로 된 나라 이름을 썼단다.

왜 그랬다고 생각하느냐?"

아버지의 질문에 최무선은 고개를 갸우뚱하였습니다.

"그건 잘 모르겠습니다."

"자기들의 나라와 분명히 구별하기 위해서였단다. 자기네들은
단 한 자로 나라 이름을 썼기 때문이야. 진이니 수니 당이니
송이니 하면서 말이야. 그랬기 때문에 자기네 나라와 하찮게
여긴 주변의 나라를 확실하게 구별할 생각으로 글자의 수를 달
리 쓴 것이겠지."

"아, 그랬군요!"

최무선에게 있어서 아버지의 말씀은 또 다른 충격이었습니다.
마치 캄캄했던 눈이 환히 떠지는 것 같은 놀라움을 느꼈던 것입
니다.

"그런데 그렇게 오만하던 중국인들도 무시 못할 부족이나 나라
가 있었단다. 그들이 기록해 놓은 '한서'에 예·맥·한(韓) 같
은 이름이 보이고 있으니까 말이지.

이 이름들은 우리 나라의 다른 이름들이었으니까, 우리 민족을

얕볼 수 없었던 것을 알 수 있지."

중국의 춘추 전국 시대에 칼이 등장했는데, 농경 민족에게 그 때까지 쓰고 있던 청동기보다 값싸고 단단한 철기 문명이 일어나면서 무기도 여러 가지로 발달하게 되었습니다.

중국의 진이 망하자 이어 한(漢)이 들어섰고, 한 무제는 진번·임둔·낙랑·현도의 한사군을 우리 나라 땅에 두었습니다. 한문화의 침략이 본격적으로 시작된 셈입니다.

"잘 들어라, 무선아! 우리 나라의 역사를 정확하게 알아 두어야 할 필요가 있느니라. 주변 국가들과의 관계도 바르게 알아야 하고 말이야."

아버지는 낮은 목소리로 또박또박 힘주어 말했습니다.

"우리 태조 왕건께서는 나라를 새로 여실 때, 요동과 중국의 북부까지도 일부 차지했던 고구려의 옛 땅을 수복하려는 큰 뜻을 품으셨단다. 그래서 나라 이름을 '고려'라고 지으셨던 것이지. 발해의 유민을 끌어안는 한편으로, 또 안으로는 서라벌의 옛 정신을 이어받으려고 애쓰셨어. 화랑도와 불교를 가르치고, 이두를 백성에게 두루 쓰게 한 것도 바로 그러한 뜻에서였지."

아버지의 말을 들으면서 최무선은 절로 고개가 숙여짐을 느꼈습니다.

'아버지 말씀을 듣고 보니, 나도 잘못한 부분이 참으로 많구나. 한문을 배우면서 나는 오히려 우리의 역사보다 중국의 것을 더 받들고 배우려고 했던 부분이 많지 않았는가.'

중국이라는 나라는 그 거대한 땅덩어리만큼이나 많은 나라가 세워졌다가는 쓰러졌습니다. 중국의 한나라는 일단 멸망했다가 다시 중흥되었는데, 왕망이 나라를 빼앗고 신나라를 세운 것입니다.

한
고조선

그러나 신나라는 겨우 15년밖에 이어지지 않았습니다. 유수가 왕망을 멸망시키고 다시 한나라를 일으켰기 때문입니다.

이 왕망의 신나라를 사이에 둔 앞의 나라를 '전한', 뒤의 나라를 '후한'이라고 불렀습니다.

아버지는 아들에게 중국의 역사를 자세히 이야기해 주었습니다.

"무선아, 아비가 왜 이런 말을 너에게 하는지 알겠느냐?

기회가 있는 대로 자꾸 반복해서 들려 주는 이유를 말이다."

"네, 아버지. 고려인은 마땅히 고려인의 얼을 가지라는 귀한 가르침인 줄 압니다."

"그렇다. 말은 곧 사람들의 단결을 가져오는 수단이고 정신이며 민족의 얼이란다. 살아가면서 어떤 어려운 일을 만나더라도 결코 민족의 얼을 잃어버리면 안 되느니라."

아들에게 학문보다도 더, 민족의 얼을 강조하는 아버지의 말을 최무선은 단정한 자세로 명심하며 들었습니다.

화약에 관심을 갖다

어느 날, 글방에서 돌아온 무선이 방 안 가득히 책을 펴놓고 무엇인가 열심히 만들고 있었습니다.

그 모습을 한참을 서서 지켜 본 어머니가 걱정스러운 듯 아들에게 물었습니다.

"얘, 지금 뭘 하고 있느냐? 글공부나 열심히 할 것이지, 또 무얼 만들려고 그러는 게야?"

"어머니, 이것도 공부하는 것이에요. 제가 배운 것을 정확히 잘 배웠는지 실험해 보는 것이니까요."

"글공부야 읽고 외우고 쓰는 것이지, 실험은 또 뭐냐?"

"어머니, 책에 씌어 있는 것을 무조건 외우는 것보다, 그것이 옳은 것인지 잘못된 것인지 직접 알아보는 것이 더 중요한 거예요."

무선은 글공부뿐만 아니라, 다른 공부도 열심히 하면서 한편으로 중국말까지 배우기 시작하였습니다. 무선이 중국말을 열심히 익히는 것을 보고 이상하게 여긴 친구들이 물었습니다.

"알아듣지도 못할 중국말은 무엇하러 배우니?"

"지금 당장은 몰라도 앞으로 꼭 필요할 때가 있을 거야."

"그거야 뭐 역관(외국말을 통역해 주는 관리)에게 부탁하면 되잖아? 고생해서 직접 배울 게 뭐니?"

"그래도 되지만, 내가 중국말을 직접 하는 게 편할 것 같아서…. 공부를 해 두면 여러 가지로 쓸모가 있을 거야."

그 당시만 해도 다른 나라의 말을 배우는 것을 퍽 어리석게 여겼기 때문에, 친구들도 중국말을 배우는 무선을 우습게 여겼던 것입니다.

무선은 어렸을 때부터 화약에 관하여 유난히 관심이 깊었습니다.

그 화약이 중국에서 만들어졌다는 것을 알고 난 다음부터 중국에 대한 관심도 부쩍 많아졌습니다. 화약이 생산되는 중국에 가게 되는 사람이라든지, 혹은 중국 사람이 우리 나라에 오면 여러 가지로 직접 물어 보려는 속셈을 가지고 있었던 것입니다.

고려 시대 말, 고려는 원나라의 간섭을 받는 한편, 중요한 책이나 물품들이 원나라에서 많이 들어왔습니다.

그 물품을 실어나르는 장삿배들은 예성강을 통하여 들어왔습니다. 그래서 최무선은 가끔 일부러 예성강 나루터에 가서 원나라 배들이 물건을 싣고 들어오는 것을 구경하였습니다. 그런데 그 원나라 사람들이 하는 말을 한 마디도 알아들을 수 없어서 몹시 답답하였습니다.

'아, 저 중국 사람들 중에는 화약에 관하여 아는 사람도 있을 텐데…. 도무지 말이 통해야 대화를 나눠 보지.'

이렇게 생각한 무선은 반드시 중국말을 배워야겠다고 결심했던 것입니다.

최무선은 나이가 더해 갈수록 더욱 열심히 글공부와 과학에 대한 공부를 하였습니다. 그리고 중국말도 부지런히 익혀, 중국 사람을 만나면 웬만한 말은 주고받을 수 있게 되었습니다. 그리고 기회가 오기를 기다렸습니다.

잠가를 들다

'병법은 결코 남의 것을 흉내내어서는 안 된다. 스스로의 독창
성을 가지고 있어야 한다.'

최무선이 병법에 관해 열심히 공부하던 어느 날이었습니다. 한
번 읽어서 이해가 안 되는 부분은 줄을 그어 가면서 이해가 될
때까지 읽고 또 읽으며 끈질기게 파고들었습니다. 그러면 어느
때인가는 끝내 머릿속에 굳게 새겨져 분명하게 이해가 되곤 하였
습니다.

"도련님!"

어느 날, 하인이 방문 밖에서 불렀습니다.

“오, 왜 그러느냐?”

“아버님께서 부르십니다.”

“그래? 알았다.”

최무선은 곧장 아버지가 있는 사랑으로 나갔습니다.

“아버님, 부르셨습니까?”

“어서 들어오너라.”

사랑 문을 여니, 어머니도 함께 계셨습니다. 얼굴에 웃음기가 어려 있는 것이 무슨 재미난 이야기를 막 주고받은 듯했습니다.

“무선아, 인제 너도 장가들 나이가 되었더구나.”

아버지의 말에 최무선의 두 눈이 동그래졌습니다. 너무나 뜻밖의 말이었기 때문입니다. 요즈음과는 달라서 예전에는 결혼을 퍽 일찍 하였습니다.

“아버님, 아직 저는……”

“아니다, 애야. 올해는 장가를 들어야지.”

어머니가 대견스럽다는 표정으로 아들을 바라보며 말했습니다. 벌써 청년의 체격으로 성큼 자랐으니, 충분히 장가를 들여도 된 다는 생각이었습니다. 그래야 귀여운 손자손녀도 빨리 볼 수 있 다는 바람 때문인지도 모릅니다.

“규수는 이미 정해 두었단다. 아주 참하고 얌전한 규수다. 이제 좋은 날을 잡아 혼례식만 올리면 돼.”

최무선은 부모님의 결정에 아무런 반대도 하지 않았습니다.

“허허, 그럼 가을쯤 날짜를 정해 볼까?”

부모님은 생각만 해도 기분이 좋으신 듯 마주 보시면서 벙글벙 글 웃음을 지으셨습니다. 당시의 풍속으로서는 부모님의 말씀에 순종하는 것이 자식된 도리였습니다.

"중대한 결정을 짓고 나니, 큰 짐을 하나 내려놓는 듯 속이 다 후련하구나. 부인, 무얼 하오?"

"네?"

"어서 맛있는 간식이라도 좀 내오구려. 오랜만에 간식을 먹으면서 도란도란 이야기를 나눠 봅시다."

"아, 그러지요. 잠시만 기다리세요."

어머니가 바삐 밖으로 나갔습니다. 어머니의 입가에 흐뭇한 미소가 어려 있었습니다. 어버이 된 자로서는 자식이 잘 자란 것을 보는 것만큼 큰 기쁨이 없기 때문입니다.

시간이 흘러 최무선은 혼례식을 올렸습니다. 그리고 곧 귀여운 아들 해산도 낳았습니다.

최무선은 날마다 무예를 열심히 닦았습니다. 혼인을 한 후에도 조금도 소홀히 하지 않았습니다. 그가 가장 열심히 한 것은 '격구'라는 공치기의 일종이었습니다.

격구는 태조 왕건 때부터 행해져 왔다는 기록도 남아 있습니다. 중국의 기록에 의하면, 금나라에서 널리 성행되었다고 합니다. 따라서 이 격구는 기마 민족이 오랜 옛날부터 공통으로 즐겨 왔다고 여겨지는데, 고려에서는 의종(1148-1170년) 때부터 활발히 행해졌습니다. 격구는 말을 타고 달리면서 긴 막대기로 공을 구문(골 문)에 쳐서 집어넣는 힘찬 운동이었습니다. 조선 시대 세종 임금 때의 '용비어천가'를 보면, 격구를 즐겼다는 기록이 있습니다.

최무선은 나라의 국방에 관심이 많았기 때문에, 열심히 무예를 닦았습니다. 장수로서 나라에 봉사하고 싶었습니다. 그래서 언제나 좀더 튼튼하게 국방을 지킬 좋은 방법을 궁리하곤 했습니다.

젊은 과학자 최무선

최무선은 '군기감'이라는 관청에서 일을 하게 되었습니다.

군기감이란, 군사들이 전쟁할 때에 쓰는 창·칼·갑옷 같은 것을 만들어 내고 관리하는 곳이었습니다.

그러므로 그 곳에서는, 여러 대장장이들이 모여 하루에도 수백 개의 칼과 창을 만들어 내고, 또 갑옷도 지어 냈습니다. 그뿐만이 아닙니다. 활과 화살, 말굽과 편자(말굽에 붙이는 쇳조각),

말 안장 등 군대에서 쓰는 여러 가지 물건을 만들었습니다.

최무선은 그 곳에서 일하는 사람들을 지휘 감독하면서, 한편으로는 새로운 무기를 만들어 내는 연구를 했습니다. 그의 머릿속에는 언제나 한 가지 생각이 자리잡고 떠나지를 않았습니다.

'나라를 튼튼히 하려면 반드시 화약이 필요해. 우리 나라에서 화약을 만들어 내야 하는데, 어떻게 하면 만들 수 있을까?'

오로지 이 생각뿐이었습니다.

최무선은 관청에서 일을 하면서도, 집에 돌아와 책을 보면서도, 잠자리에 들어서도 화약에 대한 생각을 잠시도 떨쳐 버릴 수가 없었습니다. 그러던 중, 오래 전부터 종종 경상도와 전라도 지방에 들어와 양식과 물건을 빼앗아 가던 왜구들이 또 남쪽 지방에 쳐들어왔다는 소식이 전해졌습니다.

왜구는 고려 중기부터 조선 초까지 우리 나라와 중국의 연안을 습격하여 약탈을 일삼던 일본의 해적입니다. 그들 도둑 떼들은 수십 명 혹은 수백 명씩 몰려다니면서 곡식과 가축, 또는 값비싼 패물 등을 닥치는 대로 훔치거나 빼앗아 가는 것이었습니다.

그뿐만이 아니었습니다. 마을에 불을 지르고 사람들을 죽이며, 나라에 세금으로 바치려고 모아 놓은 곡식까지도 깡그리 쓸어 갔습니다.

교통이 매우 불편하던 때인지라, 조정에서 뒤늦게 소식을 듣고 군사들을 보내면, 그 땐 이미 왜구들은 멀리 달아나 버리고 없었습니다.

"아이고, 나쁜 짓 다 하고 가 버린 다음에 오면 어떡합니까?"

억울한 고통을 당하는 사람들은 불쌍한 백성들뿐이었습니다.

그래서 최무선은, 화약이 있어야 왜구들을 무찌를 수 있겠다는 생각을 더욱 굳게 하게 되었습니다.

'더 이상 기다리고 있어서는 안 되겠다. 서둘러서 화약을 만들어야 한다! 어떤 방법으로든지 반드시 만들어 내고야 말겠다!'

최무선은 오래 전부터 아버지에게서 염초술에 관해 많은 이야기를 들어 왔습니다. 염초술이란 화약을 만드는 기술입니다.

"원나라에 있는 화약이라는 것은 아주 무서운 힘을 가졌단다. 얼마나 대단한 힘을 가졌는지 집채만한 바위라도 단번에 날려 보낼 정도란다."

"와, 화약이 그렇게도 강한가요?"

"그럼! 그렇고말고! 하루라도 빨리 우리도 화약을 만드는 방법을 알아 내야 할 텐데 말이다."

최무선은 이 때부터 화약에 대해 큰 관심을 가졌습니다.

그 관심과 함께 언짢은 궁금증도 무럭무럭 솟아올랐습니다.

'몽고군은 왜 그렇게 강할까?

우리 고려인도 그들 못지않게 용감하고 잘 싸우는데, 왜 비참하게 그들의 지배를 받는 것일까?'

칭기즈 칸이 죽었을 때 원나라의 군대는 겨우 12만 9천 명이었습니다. 지금의 상식으로서는 도저히 이해가 되지 않았을지도 모릅니다. 이 적은 병력으로 러시아의 그 어마어마하게 큰 땅의 대부분과 폴란드와 헝가리까지 파도처럼 휩쓸었다는 게 믿어지지 않을 정도입니다.

그러나 이 기마 군단을, 당시의 그 어떤 나라도 막아 낼 수가 없었습니다. 유럽이나 중앙 아시아, 아라비아에 이르기까지 아무도 막아 내지 못했던 것입니다.

칭기즈 칸에게는 모두 네 아들이 있었습니다. 주티, 차카타이, 오고타이, 그리고 트루이였습니다. 칭기즈 칸은 막내아들인 트루이에게 10만 1천 명의 군대를 주고 몽고 고원과 금나라 땅을 다스리게 했고, 우리 고려도 이 트루이의 영향권에 속해 있었습니다.

주티, 차카타이, 오고타이에게는 각각 4천 명의 군대를 주었고, 영토 역시 자기네들 조상 땅에서 먼 곳을 주었습니다. 즉 주티는 킵차크 한국의 시조가 되었는데 지금의 모스크바, 키예프 등의 러시아 땅을 다스렸습니다. 또 차카타이는 차카타이 한국의 시조로, 중앙 아시아 일대인 브하라, 사마르칸트 등의 도시를 다스렸습니다. 또 오고타이는 오고타이 한국을 세웠고, 그 영토는 우랄 산맥 동쪽인 시베리아로 추운 지방이었습니다. 군대의 나머지는 칭기즈 칸의 어머니, 동생 등에게 나누어 주었습니다.

뒤에 칸을 뽑는 선출 대회가 열렸습니다. 사람들은 누구나 트루

이가 칸에 선출될 것을 의심하지 않았습니다. 그러나 야율초재의
노력으로 가장 어질고 지혜로운 오고타이가 칸으로 뽑혔습니다.

오고타이는 40일 동안이나 사양하다가, 마침내 형인 차카타이
및 숙부인 우주켄의 추대를 받아 옥좌에 올랐습니다. 트루이는
복종의 표시로 오고타이에게 술잔을 올렸고, 아홉 번 절했습니다.
그러자 다른 왕자와 장군들도 오고타이 앞에 나와 정중하게 절하
고 충성을 맹세하는 서약을 했습니다.

“저희들은 칸의 자손으로서, 풀숲에 던져도 암소가 먹지를 않
고 비계에 섞어도 개가 물어 가지 않는 한 조각 고깃덩이가 있
는 한, 다른 집 공자를 칸으로 섬기지 않겠습니다.”

이렇듯 영원히 새로운 칸과 그 자손에게 굳은 충성을 바치겠다
는 맹세의 말이었습니다.

야율초재는 오고타이에게 여러 가지 법령을 정하고 이를 실시

하도록 건의했습니다. 예를 들어, 그 때까지는 몽고의 장수로서 죄인이 발견되면, 그 가족까지 모두 죽이는 특권이 있었습니다. 그것을 함부로 죽이지 못하게 하고 반드시 정당하고 공평한 심리를 거치도록 했습니다. 중국인은 은과 비단을 바치게 했고, 몽고족에게는 훨씬 부담을 적게 하여 1년에 양 100마리 당 새끼 한 마리씩을 바치게 했습니다. 아무튼 법이란 것이 없었던 몽고족에게 처음으로 법이 정해진 셈입니다.

이어서 1230년 오고타이는 트루이를 비롯한 왕자를 거느리고 금나라 토벌에 나섰습니다. 이 해 8월, 몽고군은 황허를 건넜고 금나라의 수도 변경을 포위했습니다. 변경은 네모꼴의 성벽 도시로 그 둘레가 약 120리였습니다. 이 성을 10만 명의 군사가 지키고 있었는데, 오고타이는 용감한 장군인 스프타이를 시켜 공격하도록 했습니다.

스프타이는 무성한 대나무 밭 속에 노포를 설치하고 착착 공격 준비를 해 나갔습니다. 노포라고는 하지만 대나무를 밧줄로 잡아당겨 휘게 하고서 돌을 날려 보내는 투석기에 지나지 않았습니다.

금나라 군대는 날아오는 돌을 막기 위해 말똥과 보리짚을 섞어서 건물에 붙였고, 또 성벽에 짚단이나 쇠가죽을 씌운 널빤지를 세웠습니다. 이렇게 하면 날아온 돌의 힘이 약해져서 별로 파괴의 효과가 없었습니다.

또 금나라 군대는 성벽 위에서 공격해 오는 몽고군에게 항아리를 던졌습니다.

그런데 이 항아리는 보통 물건이 아니었습니다. 무엇이 들어 있는지 땅에 떨어지자마자, 천지를 진동시키는 듯한 요란한 소리를 내면서 폭발했습니다.

"콰광! 쾅!"

순간, 말과 군사가 그 파편에 맞아 쓰러졌습니다.

"으악!"

"와! 벼락이다! 벼락!"

몽고병들은 벌벌 떨며 두려워 외쳤습니다.

항아리 속에는 염초, 즉 화약이 채워져 있었던 것입니다.

스프타이는 16일 동안 줄기차게 공격했으나, 갈수록 전상자만 늘어서 일단 멀리 후퇴할 수밖에 없었습니다.

그런데 금나라에 불행한 일이 생겼습니다. 갑자기 성 안에 전염병이 발생한 것이었습니다. 오늘날의 콜레라나 장티푸스 같은 위험한 전염병이 발생해서 거의 90만 명이라는 많은 사람들이 죽었습니다. 대부분은 민간인이었으나, 군사들도 적지 않게 죽었습니다.

이 정보를 듣고 스프타이는 가을에 다시 공격을 해 왔습니다. 이리하여 변경은 끝내 함락되었고, 1234년에 금나라는 멸망하고 말았습니다.

스프타이는 몽고군의 관례를 좇아 성 안에 남은 주민 140만 명을 학살하려고 했으나, 야율초재의 충고로 오고타이는 이를 허락하지 않았습니다.

화약의 대단한 위력은 이렇게 하여 전쟁에서 발휘되기 시작했습니다. 그 뒤부터 화약을 사용한 무기는 단연 전쟁을 승리로 이끌며 눈부신 활약을 펼치기 시작했습니다.

최무선은 다시 한 번 중얼거렸습니다.

'어떻게 해서든지 화약을 만들어 내고야 말겠어. 우리 나라에도 화약이 있어야만 해.

그래야 오랑캐도 왜구도 무찌를 수 있어!'

내 손으로 만들기 위해

최무선은 화약 만드는 법을 연구하기 시작하였습니다.

그 동안 틈틈이 구해서 읽은 과학책을 다시 읽으면서, 한편으로는 중국을 드나드는 장삿배에 부탁하여 새로운 책을 사들여 열심히 읽었습니다.

그 무렵, 원나라에서 들여오는 화약은, 실제로 전쟁 때 쓸 수 있는 것이 아니고, 겨우 불꽃놀이나 할 수 있는 아주 힘이 약한 것이었습니다.

그러므로 그런 화약은 사실상 장난감에 지나지 않았습니다. 힘 센 원나라에서는 화약 만드는 법을 비밀로 하고 있었으며, 화약 만드는 기술자가 밖에 나가 함부로 말하면 큰 벌을 받게 되어 있었습니다. 지금으로 말하면 1급 국가 비밀이었던 셈입니다.

그러니 최무선이 혼자의 힘으로 화약을 연구하여 만든다는 것은 여간 어려운 일이 아니었습니다. 중국에서 들여온 여러 종류의 책을 샅샅이 읽어 보았지만, 도무지 화약 만드는 법은 찾을 수 없었습니다.

중국의 한 역사책에는, 병법에 뛰어난 손자라는 사람이 화약을 만들었고, 그것을 제갈량이 써서 싸울 때마다 크게 이겼다고 적혀 있었지만, 만드는 방법에 관해서는 한 마디도 씌어 있지 않았습니다.

그러나 최무선은, 연구에 연구를 거듭하여 마침내 화약을 만드는 일차적 비밀을 알아 내고야 말았습니다. 화약은 염초라는 물질에다 유황과 숯가루를 알맞게 섞어서 만들어 낸다는 것이었습니다.

"그래, 이것이다!"

최무선은 손뼉을 치며 소리쳤습니다. 그는 너무 기뻐서 밤잠도 제대로 자지 못했습니다. 캄캄했던 눈앞이 환해지는 느낌이었습니다.

"염초와 유황과 숯가루라!"

이렇게 화약을 만드는 일차적인 방법을 알아 냈으나, 다음 단계에서 또 걱정이 생겼습니다. 유황과 숯가루는 손쉽게 만들고 구할 수 있었습니다. 그러나 염초는 어떻게 만드는지 알 길이 없었습니다.

'또다시 책을 찾아보자. 어딘가에는 적혀 있을 것이다.'

이렇게 생각한 최무선은, 다시 여러 가지 책을 놓고 열심히 찾아보았습니다. 그리하여 몇 달 만에 드디어 염초 만드는 방법을 알아 냈습니다.

염초는 사람의 발길이 별로 닿지 않는 마루 밑이나 광 구석 같은 먼지 많은 흙 속에서 뽑아 낸다고 적혀 있었습니다. 또다시 어렵고 어려운 한 고개를 넘어선 것입니다.

그런데 이번에는 그 먼지흙 속에서 어떻게 염초를 뽑아 내느냐 하는 것이 문제였습니다. 책에는 그저 염초를 먼지흙 속에서 뽑는다고만 적혀 있을 뿐, 얻어 내는 방법에 대해서는 씌어 있지 않았습니다.

'음, 또 넘기 힘든 큰 벽을 만났구나. 큰일이구나! 어찌하여

만드는 방법은 적어 놓지 않았을까?'

화약에서 큰 힘을 내는 가장 중요한 물질이 염초인데, 이 염초를 만들어 내지 못하면 아무 소용이 없는 것입니다. 잠을 못 이루면서 이 궁리 저 궁리를 하면서 며칠을 지낸 어느 날이었습니다.

최무선은 오랜만에 바람도 쐴 겸 바닷가로 나갔습니다. 거기서 그는 바닷가 개펄에서 소금 만드는 것을 보게 되었습니다.

'응? 저기서 소금을 만들고 있구나?'

사람들은 바닷물을 큰 가마솥에 가득 넣고, 큰 막대로 천천히 저어 가면서 끓이는 것이었습니다. 그렇게 하면, 많은 물이 졸아서 솥바닥에는 하얀 소금이 남는 것이었습니다.

그 때, 최무선의 머리에 갑자기 떠오르는 생각이 있었습니다.

"그렇다. 염초도 저 소금처럼 물을 붓고 녹여서 졸이면 될지 모른다!"

최무선은 그 길로 집에 돌아와 큰 소리로 사람들을 불렀습니다. 가슴이 설레고 마구 뛰어서 천천히 할 수가 없었습니다.

"얼른 마루 밑에 쌓인 먼지흙을 모두 긁어 모아 오너라! 빨리!"

최무선의 말에 하인들이 어안이벙벙한 표정을 지었습니다. 무슨 뜻인지 잘 알 수 없었기 때문입니다.

"서방님, 먼지흙을 모으라고요?"

"그렇다니까! 어서!"

"아니, 쓸어다 버려야 할 먼지흙을 왜 모으라고 하십니까요?"

의아해하는 표정을 풀지 못하며 하인들이 다시 물었습니다.

"어허! 시키는 대로 어서 하지 못하겠는가? 응?"

"아, 알겠습니다요, 서방님. 하라시는 대로 합지요."

하인들은 최무선의 말대로 집 안 곳곳을 훑어 가면서 먼지흙을 긁어 모았습니다. 샅샅이 긁어 모아도 얼마 되지 않았습니다.

최무선은 먼지흙을 다 모으게 한 다음, 마당 한 구석에 큰 가마솥을 걸게 하였습니다.

"그럼 이 가마솥에 물과 흙을 다 담아라."

하인들이 물과 먼지흙을 다 넣은 가마솥에 최무선은 불을 지폈습니다.

"인제 쉬지 말고 막대기로 천천히 저어라."

모두들 최무선이 시키는 대로 긴 막대로 흙물을 저었습니다.

물이 데워지자, 가마솥에서는 모락모락 김이 피어 올랐습니다.

"음……."

물이 조금씩 졸아드는 것을 최무선은 눈을 크게 뜨고 지켜 보았습니다.

"됐다! 조금만 더 불을 때면 되겠다!"

이윽고 물이 다 졸아들었습니다.

"어디 가마솥 안을 보자!"

최무선은 두근거리는 마음을 누르며, 김이 오르는 가마솥 안을 들여다보았습니다. 가마솥 바닥에는 처음과 비슷한 먼지흙만 남았을 뿐이었습니다.

"허, 이건 여전히 흙과 먼지 그대로가 아닌가! 다른 물질이 하나도 만들어지지 않았단 말인가?"

적이 실망한 최무선은 솥바닥의 흙을 긁어 모아 다시 한 번 불을 붙여 보았습니다. 그러나 결과는 마찬가지였습니다.

'조금도 새로운 결과가 나오지 않는구나!

어디에서 잘못된 것일까?'

거기에서 염초의 성분 따위는 도무지 찾아볼 수 없었습니다. 그것을 지켜 보고 섰던 하인들도 실망하였습니다.

"에이, 서방님, 이게 뭡니까요?"

"괜히 헛고생만 하시는 게 아닙니까?"

최무선도 실망이 되었습니다. 그러나 용기를 내어 다시 한 번 시도해 보기로 하였습니다.

"아니야, 다른 방법으로 또다시 실험해 보자. 실험은 수십 번 할 수도 있는 거니까. 모든 연구에는 피땀이 필요한 법이지."

최무선은 실패를 거듭할 때마다 다양한 방법으로 실험을 해 보았습니다. 실험 방법이 잘못되었을 수도 있기 때문이었습니다. 하인들이 옆에서 투덜대고 불평을 해도 최무선은 끄떡도 하지 않았습니다.

"이번에는 흙을 물에 풀어 가라앉힌 다음, 위에 떠 있는 물만 떠서 끓여 보도록 하자."

하인들은 보기에 안타까워서라도 부지런히 최무선이 말한 대로 움직였습니다.

그러나 번번이 실패였습니다. 아무리 머리를 짜서 여러 번 반복해도 결과는 처음과 다를 게 없었습니다.

'후유, 정말 불가능한 일일까? 되지 않는 일에 내가 매달려 있는 게 아닐까? 이 모든 일이 헛수고로 끝나는 것은 아닐까?'

실망이 최무선의 마음을 서서히 채우기 시작했습니다.

끈질긴 연구

최무선은 낮에는 군기감에서 나라일을 보면서 틈틈이 책을 읽고 화약 만드는 연구를 하였고, 밤에는 집에 돌아와 하인들을 시켜 실험을 거듭하였습니다.

"하다가 그만두면 아예 안 하느니만 못하다는 말도 있지 않느냐? 그러니 끝까지 해 보는 수밖에!"

먼지흙에다 물을 묽게 타서 끓여 보기도 하고, 물을 적게 타서 끓여 보기도 하였습니다. 또 불을 약하게도 해 보고, 세게도 해 보았습니다. 저어 보기도 하고, 그냥 졸여 보기도 하였습니다. 그러나 그 결과는 언제나 같았습니다.

최무선의 집 하인들은 인제 먼지흙을 마련하기 위해 이웃 집들을 방문해야만 하였습니다. 날마다 마루 밑과 광 구석의 먼지흙을 긁어 모아 연구의 자료로 다 썼기 때문입니다. 이웃집 마루 밑까지 들어가 흙을 긁어 오는 일도 하루이틀이지, 그것을 좋아할 사람은 아무도 없었습니다.

"아니, 이게 무슨 짓이오?"

"거, 말도 안 되는 짓 그만 하오."

드디어 이웃 사람들은 신경질을 내면서, 최무선을 가리켜 미친 사람이라고 손가락질을 하기 시작했습니다.

"먼지로 화약을 만든다니, 미친 짓 아니오?"

“인제 말도 안 되는 일로 이웃 사람들 좀 그만 귀찮게 하시오. 알겠소? 지금까지는 이웃의 정으로 귀찮게 해도 참고 지냈는데, 인제 못 참겠소.”

최무선도 그런 말을 들을 때면 마음이 몹시 괴로웠습니다.

“죄송하게 되었습니다.

앞으로는 귀찮게 해 드리지 않겠습니다.”

허리를 깊숙이 숙여 절을 하면서 최무선은 사과의 말을 할 수밖에 없었습니다.

그러던 어느 날이었습니다.

그 날도 최무선은 하인 몇 사람을 데리고 흙물을 끓여 졸이고 있었습니다. 일이 너무나 천천히 진행되어 지겨워진 하인들은 연신 하품을 해댔습니다. 흙물이 바닥이 날 무렵, 솥바닥에 하얀 가루가 조금 나타나기 시작하였습니다. 지켜 보고 있던 최무선의 가슴이 두근거리기 시작하였습니다.

“옳다, 바로 이것이로구나!”

그는 떨리는 손으로 조심스럽게 솥바닥에 깔린 하얀 가루를 긁어 냈습니다.

최무선은 그 가루에 유황과 숯가루를 섞었습니다.

그런 다음, 부싯돌을 그어 불을 붙여 보았습니다. 그러자 파란 불꽃을 내며 타 들어가는가 싶더니 금방 꺼져 버리는 것이었습니다.

모처럼 기대에 부풀어 있던 최무선의 가슴은 덜컹 내려앉았습니다.

“또 실패로구나!”

둘러서서 지켜 보던 하인들도 쓴 입맛을 다시며 돌아섰습니다.

몇 년 동안 염초를 찾는 일에 힘썼지만 결국은 모두가 허사였습니다.

최무선의 마음은 답답하고 어두울 뿐이었습니다.

'도대체 안 되는 까닭이 무엇일까?'

온갖 실험을 거듭했으나, 그 노력에 비하여 아무런 성과가 없었습니다.

최무선의 연구가 계속 실패로 돌아가자, 집에서 일하는 하인들도 이제는 시중 드는 일에 지쳤습니다.

"주인 어른도 참 딱하시지. 긴 세월을 쓸데없는 일에 다 빼앗기시고……."

"누가 아니랬나? 인젠 연구고 실험이고 걷어치웠으면 좋으련만. 하품만 나는 일이 지겹기 짝이 없구먼."

하인들뿐만 아니라 가족들까지도 지쳐서 최무선의 일을 말렸습니다.

"여보, 제발 그만두세요. 아무 성과도 없는 헛일이잖아요. 괜히 당신의 건강만 해칠 뿐이에요."

"아니오, 결코 헛일은 아닐 게요. 조금만 더 기다려 봅시다."

"사람들이 당신을 비웃는 걸 더 이상 못 보겠어요."

그러나 최무선의 끈질긴 고집은 아무도 꺾을 수 없었습니다.

'연구를 여기서 그만둘 수는 없어. 죽을 때까지라도 연구하여 화약을 내 손으로 꼭 만들어 내고 말 것이다!'

최무선은 군기감에서 돌아오기만 하면 실험실처럼 꾸며 놓은 헛간에 틀어박혀 연구를 계속하였습니다. 어떤 때에는, 헛간에서 밥을 먹고 잠을 자기까지 하였습니다. 그러자 이웃과 마을 사람들, 그리고 군기감에서 같이 일하는 사람들까지도 최무선을 얼빠진 사람으로 보게 되었습니다.

최무선은 시간만 나면, 예성강 나루터에 자주 나가 크고 작은 장삿배들이 드나드는 모습을 구경하였습니다.

'지금 원나라의 힘이 약해졌다. 이럴 때, 그 사람들에게 화약 이야기를 물어 보자. 의외로 성과가 있을는지도 모른다.'

이렇게 생각한 최무선은, 예성강 나루터에서 중국 사람을 만날 때마다 화약에 관한 이야기를 꺼냈습니다.

최무선은 어려서부터 중국말을 배워 두었으므로, 원나라 사람을 만나면 마음대로 이야기할 수 있었습니다.

"안녕하십니까? 먼 길을 오시느라고 고생 많으셨군요. 저는 고려 사람입니다만, 중국 어른께 많은 걸 배우고 싶습니다. 잘 좀 가르쳐 주십시오."

처음에는 이렇게 깍듯이 인사를 한 다음, 중국 사람을 주막으로 데리고 가 술과 음식을 대접하면서 은근히 화약에 대한 이야기를 꺼냈습니다.

"호, 고맙습니다. 이렇게 잘 대접해 주시다니요."

최무선의 친절에 기분 좋게 생각하던 그들도 화약에 대한 이야기가 나오면 표정이 싹 변하였습니다. 절대로 화약에 대한 말은 단 한 마디라도 입 밖에 담지 않으려고 했습니다.

"그런 이야기라면 딴 데 가서 알아보시오. 난 바빠서 이만……"

자리를 털고 나가 버리는 게 보통이었습니다. 그만큼 화약에 대한 말을 입에 담는 일은 위험한 일이었던 것입니다.

'음, 이 방법으로도 얻어지는 게 없겠구나. 그럼 어떻게 해야 하지?'

최무선은 몇 달 동안 자기의 돈을 써 가며 화약 만드는 비밀을 알아 내려고 무진 애를 썼습니다. 그러나 도무지 뜻대로 되지

않았습니다.

'언젠가는 고마운 중국인을 만날 수 있을 거야. 실망하지 말고 계속 기회를 기다려 보자.'

이렇게 생각한 최무선은 비가 오나 눈이 오나 계속해서 나루터에 나가는 일을 쉬지 않았습니다. 끈질기게 중국 장사꾼을 만나 화약의 비밀을 알려고 애썼습니다. 아무런 성과가 없어도 결코 실망하지 않았습니다.

그러던 어느 날, 최무선에게 좋은 기회가 찾아왔습니다. 중국에서 오랫동안 화약과 무기를 만들던 이원이라는 화약 기술자 한 사람이 온다는 소식을 들은 것입니다.

'아! 화약 기술자가 온다고? 드디어 하늘이 내게 기회를 주시는구나! 그분을 만나서 화약 만드는 방법을 꼭 배워야겠다! 무슨 일이 있더라도 이번 기회를 놓치지 않으리라!'

최무선은 뛸 듯이 기뻐하며 이원이 오기를 손꼽아 기다렸습니다. 하루가 한 달 만큼이나 길게 느껴지는 날들이었습니다.

화약 제조법을 알아 내다

마침내, 최무선이 그토록 기다리고 기다리던 화약 기술자 이원이 예성강 나루터에 도착하였습니다.

최무선은 아침 일찍부터 나루터로 나가 기다리고 있었습니다.

이원은 배에서 내리자, 부둣가를 한 번 빙 둘러보았습니다. 인상이 무척 점잖고, 마음씨도 착해 보였습니다.

최무선은 그 사람의 앞으로 다가가 공손히 인사를 하며 말문을 열었습니다.

"처음 뵙겠습니다. 중국에서 오신 이원 선생님이시지요?"

이원은 무척 놀랐습니다.

"아니, 처음 보는 사람이 어떻게 내 이름을……?"

최무선은 이원에게 정중한 태도로 자기를 소개했습니다.

"네, 유명하신 선생님 성함은 일찍부터 들어서 알고 있었는데, 오늘 이렇게 뵈오니 영광입니다. 저는 고려 사람인 최무선이라고 합니다."

"아, 그러십니까? 그런데 무슨 일로……."

"네, 그건 차차 말씀드리기로 하고, 우선 저희 집으로 가시지요. 누추하지만 저희 집으로 모시겠습니다."

최무선은 앞장 서서 이원을 자기 집으로 안내하였습니다. 그리고 정성껏 이원을 대접하였습니다.

두 사람은 후원 별당 조용한 곳에서 술잔을 기울이면서 밤늦도록 이야기를 주고받았습니다. 그러는 동안, 중국 사람 이원은 최무선의 예의 범절과 학식, 그리고 사람됨이 훌륭하다는 것을 알게 되었습니다.

"그래, 최 공은 고려에서 무슨 벼슬을 하고 있나요?"

"뭐, 벼슬이랄 게 있습니까? 군기감에서 작은 직책을 맡아서 일하고 있습니다."

"허, 군기감이라면……."

"네, 군사들의 무기를 만들고 돌보는 일입니다."

이렇게 이야기를 주고받으면서도, 최무선은 그 때까지 화약에 대한 말은 입 밖에도 꺼내지 않았습니다.

이원은 최무선의 집에서 며칠 동안 융숭한 대접을 받으며 볼일을 다 보았습니다. 드디어 고려에서의 볼일을 다 마친 이원이 자기 나라로 떠날 날이 내일로 다가왔습니다.

"그 동안 최 공 댁에 와서 대접도 잘 받고, 여러 곳을 안내도 해 주어서 아주 편안히 지내다 가오. 고마운 말씀을 어떻게 해야 좋을지 모르겠소."

"원 별말씀을 다 하십니다. 살림이 넉넉지 못하여 오히려 대접이 부족한 것 같아 송구스럽습니다."

이렇게 마지막 술자리를 베푼 자리에서, 최무선은 비로소 해야 할 이야기를 꺼냈습니다.

"선생님, 원나라로 돌아가시기 전에 제 청을 한 가지 들어 주셨으면 합니다."

"청이라니요? 들어 줄 만한 일이라면 뭐든지 들어 주어야지요. 그게 무엇인지 말해 보시오."

“네, 저는 화약 만드는 법을 알고 싶습니다.”

이 말을 들은 이원은 금방 얼굴빛이 달라지는 것이었습니다. 웃음기 어린 얼굴에 금세 싸늘한 기운이 감돌았습니다.

“화약이라니요? 그건 내가 모르는 일이오.”

이원은 모른다고 딱 잡아떼었습니다. 그러나 최무선은 여기서 단념할 수는 없었습니다.

최무선은 이원의 옷자락을 잡으며 간곡하게 부탁하였습니다.

“화약 만드는 법을 모두 가르쳐 달라는 것이 아닙니다. 그 중에 염초 만드는 비결만 가르쳐 주십시오.”

“허, 알 수가 없는 일을 물으니 딱하구려.”

이원은 몇 번을 딱 잡아떼었습니다.

“제 필생의 소원이옵니다. 도와 주십시오.”

그러자 처음에는 전연 모른다고 잡아떼던 이원이, 최무선의 간절한 태도에 마음이 움직였는지 조금은 물러서는 기세를 보였습니다.

“그런데 그 화약을 만들어 무엇을 하려고 하오? 혹시 우리 원나라를 상대하겠다는 생각이 있는 게 아니오?”

“아닙니다. 그럴 리가 있겠습니까? 아시다시피 우리 고려의 바다 건너에는 왜국이 있지 않습니까?”

“그래서요?”

“왜국의 도둑 떼들은 틈만 나면 우리 나라 남쪽 지방에 쳐들어와, 닥치는 대로 백성들을 죽이고 괴롭히고 있습니다.”

최무선은 나라의 어려운 사정을 자세히 설명해 주었습니다.

“우리 고려가 원나라를 큰댁으로 받들고 있는데, 왜구들의 등쌀을 만약 그냥 둔다면 나중에는 원나라에까지 그 화가 미칠 것 아니겠습니까? 나라의 녹봉을 먹고 있는 신하로서 어찌 이 답답함을 보고만 있을 수 있겠습니까! 아무쪼록 선생님께서 저의 참뜻을 헤아려 주셨으면 고맙겠습니다."

이원은 눈을 지그시 감고 앉아 최무선의 말을 들으면서 이따금 고개를 끄덕이는 것이었습니다.

"저는 참으로 오랜 세월을 화약 연구에 바쳐 왔습니다.

중국에서도 구하기 어려운 책들을 사다가 몇 번씩 읽어 보았으나, 화약을 만드는 방법에 관하여 자세히 적어 놓은 대목은 없었습니다."

그러면서 최무선은 지금까지 읽었던 역사, 과학, 병법에 관한 수많은 책을 보여 주었습니다. 이원은, 최무선이 읽은 책들을 보고 깜짝 놀랐습니다.

"화약을 만들려고 이렇게 어려운 책들을 읽었다니, 그대의 정성과 노력이 정말 대단하오!"

"도와 주십시오, 선생님!"

이원은 매우 감격한 목소리로 다시 입을 열었습니다.

"최 공의 그 정성에 내가 감동했소. 화약 만드는 기술은 우리 중국에서 첫째 가는 비밀로 하고 있소. 그래서 이것은, 부모와 자식 간에도 가르쳐 주지 않고, 임금과 신하 사이에도 가르쳐 주지 않게 되어 있소."

"네, 그 점은 저도 잘 알고 있습니다."

"내 고마운 신세를 지고, 그냥 갈 수 없어 가르쳐 드리기는 하겠소. 그러나 무슨 일이 있어도 절대로 내가 가르쳐 주었다는 말을 해서는 안 되오. 또 이 비밀을 그대만 알고 있어야지 다른 사람에게 알려서는 절대로 안 되오."

“그야 이를 말이겠습니까? 하늘을 두고 맹세하겠습니다.”

이렇게까지 서로 이야기를 주고받았는데, 막상 가르쳐 줄 단계에 가서 이원은 다시 망설이는 것이었습니다.

“이것 참, 가르쳐 주어서는 내가 곤란해지는데…….”

“글쎄, 선생님! 모든 비밀은 제가 꼭 지켜 드리겠습니다.”

“그럼, 믿고 말하리다.”

이원은 마침내 화약과 염초 만드는 비결을 가르쳐 주기로 마음먹었습니다.

“그럼 어디까지 연구가 진전되었는지 말해 보오.”

“네, 선생님.”

최무선은 차분히 지금까지 연구하고 실험해 온 일들을 말하기 시작했습니다.

이원이 들어 보니, 최무선의 연구는 거의 완성 단계에 와 있었습니다. 그래서 사람들의 눈을 피하기 위해 이원은 떠나는 날에야 작은 종이쪽지에 깨알만한 글씨로 염초를 만드는 법을 적어 주고 떠났습니다.

“오, 인제 됐다! 인제 우리도 화약을 만들 수 있게 되었어!”

최무선의 눈에서는 한 줄기 눈물이 흘러내렸습니다. 드디어 최무선은 끈질긴 노력으로 화약과 염초 만드는 법을 알아 낸 것입니다.

그는 정말 뛸 듯이 기뻤습니다.

화창 비법

　먼저 누런 종이를 똑같은 크기로 16겹으로 접어서 길이 2자 남짓한 통을 만든다. 그리고 버드나무 숯, 쇠 찌꺼기, 자석 가루, 유황, 비상 따위를 채우고 창 끝에 새끼줄로 붙들어 맨다. 또 군사는 작은 무쇠 그릇에 불씨를 갖고서 출전한다.

　이것에 불을 붙이면 염초가 타면서 불길이 10자나 뻗게 된다.

　최무선은 고개를 몇 번이나 끄덕였습니다.

　"오, 이것이 바로 그 무서운 화창이었구나!"

　무선은 몇 가지 뜻을 잘 모르는 점이 있었으나, 염초술이 무엇인지 대강 짐작이 갔습니다.

　"이 화창으로 남송의 군사들이 몽고군을 괴롭혔던 거지."

　그러나 화창의 원리를 잘 읽어 보면, 그것이 어떤 폭발력을 가진 것은 아니었습니다. 창 끝에 붙들어 매고 불길을 내뿜었기 때문에 기름에 절인 갑옷이 한번 불이 붙으면 끄지 못하고 불타서 죽었을 것입니다. 그러나 최무선으로서는 염초의 성분을 안 것만으로도 큰 성과가 있었습니다.

　최무선은 한문으로 씌어 있는 내용을 읽고 또 읽었습니다. 그리고 나이 지긋하여 세상 경험이 많은 늙은 하인과 이마를 맞대고 의논을 했습니다. 옆에서 최무선이 하는 일을 도우면서 어느덧 그도 염초에 관해 깊은 관심을 갖게 된 사람이었습니다.

"오 서방, 염초는 버드나무 숯·쇠 찌꺼기·자석 가루·유황·비상 따위로 만든다고 하네. 이 버드나무 숯은 숯가루를 말하겠지?

꼭 버드나무가 아니라도 나무의 숯가루면 괜찮지 않을까?"

오 서방도 최무선의 말에 고개를 끄덕였습니다.

"제 생각도 그렇구먼요, 서방님. 그런데 저로선 도무지 알 수 없는 게 한 가지 있는뎁쇼."

"무엇인가? 말해 보게."

"자석 가루라는 게 뭡니까?"

"흠, 나 역시 그걸 잘 모르겠어."

최무선도 약간 이마를 찡그리며 말했습니다. 그로서도 자석 가루는 전혀 짐작이 가지 않는 물질이었기 때문이었습니다.

"어쨌든 일단 재료부터 모아야겠네. 일을 하다 보면 모르던 것도 알게 되리라 생각되니까 말일세."

"또 한 가지 궁금한 게 있습니다."

"또?"

"누런 종이란 쉽게 찢어지지 않는 기름종이를 가리킨다고 생각되네요. 그런데 서방님, 그것을 16겹이나 싼 후에 불통을 만들었다는 건 좀 이상하게 생각되지 않습니까?"

생각이 깊은 사람다운 날카로운 지적이 아닐 수 없었습니다.

"흠, 듣고 보니 이상하구먼."

최무선은 이 의문을 푸는 데 몇 달이나 걸렸습니다. 알고 보면 쉬운 원리이지만, 그 당시로서는 전문 지식이 거의 밝혀지지 않았을 때이므로, 한 가지 어려움에 부닥치면 앞이 캄캄할 만큼 낙심이 되곤 하였습니다.

어느 날, 생각에 골몰해 있던 최무선의 머릿속에 문득 한 가지 생각이 스쳤습니다.

"여보게, 오 서방!"

최무선은 반가운 목소리로 오 서방을 불렀습니다.

"염초의 재료를 볼 때 모두 가루로 되어 있지 않은가? 왜냐 하면 재료들을 골고루 섞으려면 어차피 섞이기 쉽도록 짓찧어 가루를 만들 필요가 있네."

"음, 그렇겠군요."

"그러니까 누런 기름종이를 16겹이나 포개고 불통을 만든 이유는 말일세, 이런 가루들을 채워 넣고 다지기 위해 튼튼하게 만든 것이 아닐까 하고 말이지!"

오 서방이 자기의 무릎을 큰 소리가 나도록 철썩 치면서 소리 쳤습니다.

"맞습니다! 그게 틀림없구먼요!"

최무선은 빙긋 웃음을 지으며 말을 이었습니다.

"또 불통의 길이를 생각해 보았네. 나는 화창의 불통의 길이는 두 자 남짓이라고 했는데, 왜 그렇게 정해졌을까 하고 말일세. 그만한 길이가 되어야 불길이 10자나 뻗치기 때문이 아닐까? 불통이 길면 길수록 불길은 멀리 나가는 것이지."

"네, 그것도 맞습지요."

대통에 화살이나 바늘을 넣고 입김으로 불어 적을 공격하는 무기가 있었습니다. 최무선은 이 무기를 보고 그런 생각을 했습니다.

"그래서 나는 또 이렇게 생각했네. 몽고군이 금나라의 수도 변경을 공격할 때, 항아리에다 염초를 채워 성벽에서 던지는 무기가 있었다네. 우레 같은 큰 소리를 냈기 때문에 몽고병들

이 '벼락'이라고 무서워했는데, 그 까닭은 무엇이었을까?"

"그, 글쎄올습니다."

오 서방이 바짝 최무선의 앞으로 다가앉았습니다.

"그래서 거꾸로 생각해 봤지. 불통에 염초를 채울 때, 섞는 배합 방법을 달리하면 좀더 강한 힘이 생기지 않을까? 그리고 이 것을 좀더 작은 그릇에 채워 넣고 터뜨린다면 소리도 크고 힘 도 크겠지?"

"호, 서방님, 정말 그럴지도 모르겠는뎁쇼."

"그런데…, 아직도 재료 가운데서 자석 가루에 대해서는 잘 모 르겠다구. 우리 고려에서 쇠가 나오는 곳으로 유명한 고장은 어디지?"

최무선의 말에 오 서방이 금세 대답했습니다.

"그야 좋은 쇠가 나기로는 재령이 아닙니까?"

재령은 납과 쇠의 산지로 일찍부터 널리 알려져 있었습니다.

쇠의 역사는 매우 오래 되었는데, 사철의 이용부터 시작되었습 니다. 사철은 화성암이 풍화 작용으로 파괴되고, 그 속에 들어 있 던 사철광이 모래 모양으로 부서져 물에 씻겨 내리고 강이나 바 다에 모인 것이었습니다.

"일단 쇠를 캘 수 있는 장소를 찾아가 보세."

"지금요?"

"그래. 당장 준비를 해서 떠나기로 하세."

"알겠습니다요."

최무선과 오 서방은 여행 준비를 하고 재령으로 갔습니다. 그 들은 송도에서 길을 떠나 예성강 나루인 벽한도를 건넜고, 연백의 연안을 거쳐 안서(해주)까지 갔습니다. 그 곳에서 북쪽으로 길을 잡아 신창·신안을 지나면 재령이었습니다.

재령 고을에서 최무선은 대장장이를 찾아가서 물어 보았습니다.

"여기서는 쇠를 어떻게 캡니까?"

그러자 대장장이는 어처구니가 없다는 듯 멀뚱한 표정으로 최무선과 오 서방을 바라보았습니다.

"어떻게 캐다니요? 산에 가면 수두룩하게 널려 있는데요."

"네? 산에 가면 그냥 얻을 수 있단 말인가요?"

"아, 그럼요."

대장장이는 자세한 설명과 함께 가르쳐 주었습니다.

"철광석이란 게 있는데, 이것을 불에 달구는 것이오. 보통 불로는 안 되기 때문에 숯불로 고열을 내게 하고 철광석을 녹여 쇳물을 뜬다 이 말이오."

대장장이로서는 아무렇지도 않은 지식이었으나 최무선에게는 좀처럼 이해가 되지 않았습니다. 그러나 이해가 안 되는 부분을 거듭해서 묻고 들어 보니 조금씩 알 것 같았습니다.

"예전에는 강바닥에 쇠가 모여 있는 곳이 있어 쉽게 구할 수 있었소. 그러나 그런 것이 차츰 없어지자, 산에서 쇠를 찾게 되었소."

"그래서요?"

"쇠장이들은 돌을 보면 그 돌에 쇠가 들어 있는지 없는지를 알 수 있다오. 메로 때려 보거나 색깔을 보면 금방 알 수 있소. 그런 돌들이 모여 있는 데가 있는데 거기서부터 산 아래까지 길게 도랑을 파 놓아요. 그리고 바위를 부스러뜨리고서 장마철 때 물로 떠내려 보내는 것이오."

"아, 떠내려 보낸다구요?"

최무선은 신기한 이야기에 두 눈을 빛내면서 들었습니다. 오 서방도 귀를 쫑긋 세운 채 열심히 듣고 있었습니다.

"그러면 무거운 것이 한 군데 모일 게 아니오? 그리고 쇠는 이상한 성질이 있어서 서로 들러붙기 때문에 한 군데 모여 있게 마련이라오."

"서로 들러붙는 성질이 있다고?"

최무선이 큰 소리로 소리쳤습니다.

"지남철의 성질이 있단 말이오?"

"그렇소!"

대장장이가 최무선이 너무나 흥분하여 소리치는 소리에 놀라서, 눈을 둥그렇게 뜨며 대답했습니다.

자석 가루란 바로 쇳가루를 가리키는 것이었습니다. 자화철은 자석의 성질을 가진 것인데, 이것은 철과 산소가 결합되어 만들어집니다. 철분을 가진 화성암이 물로 씻겨 도랑 따위로 흘러내리면 자연의 자화철이 생기게 되는 것입니다.

그 다음에는 대장장이에게 물어 볼 필요도 없었습니다. 납이나 진흙으로 만든 도가니에 고열인 숯불로 녹인 광석이 바로 쇳물이기 때문입니다.

최무선과 오 서방은 재령에서 돌아오며 말을 주고받았습니다.

"이럴 줄 알았으면 멀리 재령까지 올 필요도 없지 않았습니까?"

"아니네. 쇠에 대해서 자세히 안 것만 해도 큰 수확 아닌가?"

그런데 도가니에 녹인 쇳물이 그대로 쓸 만한 쇠가 되는 것은 아니었습니다.

이런 쇠는 주철로서 쇠가 물러서 농기구는 만들 수 있지만, 보다 단단한 쇠인 강철은 만들지 못합니다.

중국에는 당시 주철밖에 만드는 기술이 없었지만, 우리 나라에서는 멀리 삼국 시대부터 강철을 만드는 기술이 있었습니다. 물론 오늘날과 같은 완전한 강철은 아니었지만, 보통 쇠보다는 단단한 것을 만들어 내는 제철법을 알고 있었던 것입니다.

"정 서방."

"말씀하세요."

"왜구들이 쓰는 무기인 장도 말이야."

"네, 아주 썩 잘 든다고 하더구먼요."

"그 장도를 만드는 쇠는 보통의 쇠라고 하더구먼."

"네, 저도 들은 바가 있습지요."

"보통의 쇠를 말일세, 달구고 때리고 물에 갑자기 식혔다가 하면서 만들면 장도가 된다고 그러지 않던가?"

"맞아요. 쇠는 두들기면 두들길수록 좋아진다는 말도 있으니까요."

"나는 재령의 대장장이가 낫을 벼리는 것을 유심히 지켜 보았네. 낫 하나를 벼리는 데도 그 수고가 대단하지 않던가? 몇 번씩이나 불에 달구고 메질을 하고 물에 담갔다가 다시 달구더군."

"저도 보았습지요."

최무선은 뭔가가 머릿속에서 반짝 정리되는 느낌을 받았습니다.

"이번 재령행이 결코 헛걸음은 아닐세."

두 사람은 집을 향하여 총총히 발길을 재촉하였습니다.

화약을 만들어 내다

최무선은 그 날부터 비밀 공장인 자기 집 헛간에 틀어박혀서 염초부터 만들기 시작하였습니다.

이원이 가르쳐 준 대로 정확히 만들어 보았습니다. 그랬더니 염초는 거짓말처럼 잘도 만들어졌습니다.

최무선은 솥바닥에 쌓인 염초를 조심스레 긁어 모았습니다.

"아, 이 염초! 이것을 만들려고 얼마나 애태웠더냐?"

최무선은 감격하여 기쁨의 눈물을 흘렸습니다.

다음에는 유황과 숯가루를 섞어 반죽을 한 다음, 가운데에 염초를 박아 심지를 만들어 넣었습니다.

"이제 됐다. 이것으로 실험해 보면 알 수 있을 것이다."

최무선은 다음 날, 손수 만든 화약 뭉치를 가지고 오 서방을 비롯한 하인 몇 사람을 데리고 뒷산으로 올라갔습니다.

적당한 자리를 정하고 화약 심지에 불을 붙여 그 자리에 놓은 다음, 좀 떨어진 곳에서 지켜 보았습니다.

'정말 실패하지 않고 성공할까? 제발 성공해야 할 텐데.'

부지직, 부지직, 심지가 타 들어가는 화약을 지켜 보고 있는 최무선의 마음은 몹시 조마조마하였습니다.

"아, 다 타 들어갔다!"

똑같은 마음으로 손에 땀을 쥐고 바라보던 오 서방이 소리쳤습니다.

바로 그 때였습니다.

'펑!'

땅을 뒤흔드는 요란한 소리와 함께 근처에 있는 흙과 풀, 작은 나무까지 하늘 높이 튀어올랐습니다. 무서운 힘이었습니다.

"성공이다, 성공이야!"

최무선은 하인들 앞에서 손뼉을 치며 덩실덩실 춤을 추었습니다. 드디어 화약이 만들어진 것입니다. 자기도 모르는 사이에 두 눈에서 뜨거운 눈물이 주르륵 흘러내렸습니다.

"서방님, 기쁘시지요? 이 일을 위해서 정말 그 동안 얼마나 많은 고생을 했습니까?"

"저희 쉰네들은 마루 밑을 기어다니며 먼지흙 긁어 모으느라 혼났습니다. 그 덕분에 마루 밑이 먼지 하나 없을 정도로 깨끗해졌고요."

"암, 너희들도 애썼고말고……."

최무선은 가지고 간 두 번째 화약도 터뜨려 보았습니다. 그것도 역시 성공이었습니다. 화약이 터진 자리는 깊은 웅덩이가 패고, 둘레의 풀과 나무들은 모두 꺾이거나 타 버렸습니다.

최무선은 오랜만에 활짝 웃었습니다.

화약 실험에 성공한 최무선은 곧바로 대궐로 달려갔습니다.

최무선은 여러 대신들이 모여 있는 곳으로 들어가, 싸 들고 온 보따리를 풀어 놓았습니다.

"아니, 쇠똥 뭉치같이 생긴 이것이 무엇인가?"

"제가 만들어 낸 화약입니다. 이 화약 한 개가 집 한 채쯤은 문제 없이 부술 수 있는 힘을 가지고 있습니다. 이제는 이 화약을

대포에 넣어 쏠 수 있을 것입니다. 그러니 화약을 많이 만들어
내는 관청을 두었으면 합니다."

최무선은 자기가 만들어 낸 화약을 보이며 화약의 필요성을 설
명했습니다. 그러나 최무선을 쓸모 없는 일에 미친 얼빠진 사람
으로 여겨 온 대신들은 대수롭지 않게 생각했습니다.

"이 화약을 저 개인의 힘으로 많이 만들기는 어렵습니다.
나라에서 이 화약을 만들 수 있도록 뒷받침해 주어야 왜구를
무찌를 수 있을 것입니다. 화약은 반드시 우수한 무기가 될 것
입니다."

"이 사람아, 쓸데없는 소리 그만하고 물러가게. 화약은 중국에
서도 쉽게 만들지 못하는 것인데, 그대가 무슨 재주로 만든단
말인가?"

"아닙니다. 나라에서 조금만 지원해 주신다면, 저는 화약을 자신 있게 만들 수 있습니다."

그러자 대신들은 마구 비웃으며 말했습니다.

"허, 그대가 지금까지 이렇다 할 벼슬길에 나서지 못하더니, 창칼이나 연장 만드는 재주 하나 가지고 이제 와서 큰 벼슬 자리를 탐내는 게 아닌가! 어서 집으로 돌아가게. 우리는 나라일에 바쁜 사람들이야."

이처럼 대신들은 최무선의 큰 공로를 업신여기는 것이었습니다. 큰 벼슬 한 자리를 얻기 위한 사람 취급을 하는 것이 최무선의 마음을 아프게 하였습니다. 그렇게 화약 만드는 데 공을 쏟은 것이 다 허사인 것처럼 느껴졌습니다.

'아, 정말 딱하신 어른들이로다! 내 뜻을 너무도 몰라 주는구나. 내가 어떤 마음으로 화약을 만드는 데 온 힘을 기울였던가! 우리 국민을 오랑캐나 왜구로부터 막아 내고 싶다는 한 마음이 아니었던가? 어찌 나의 그런 간절한 마음을 몰라 준다는 말인가? 정말 답답한 일이로다.'

한없이 실망이 되었지만, 최무선은 조금도 동요하지 않고 집으로 돌아오자마자 다시 헛간으로 들어갔습니다.

'조금만 더 기다리자! 지금은 내 뜻을 몰라 주지만, 언젠가는 반드시 큰 빛을 보게 될 것이다. 이 화약이 우리 나라를 지키는 데 큰 힘이 된다는 것을 모두가 다 알게 될 거야! 그러니 힘을 내서 계속 연구에 힘쓰자!'

이렇게 결심한 최무선은 다시 가마솥에 불을 지피고, 유황과 숯가루를 섞어 화약을 빚기 시작하였습니다.

홍건적과 왜구의 침입

　이럴 무렵에 전라도에 또 왜구들이 쳐들어왔다는 소식이 들려왔습니다. 왜구들은 닥치는 대로 백성들을 해치면서 위로 올라오고 있었습니다.
　'아, 이럴 때를 대비해서 화력이 강한 화약을 많이 만들어 두었으면 얼마나 좋을까!
　미리 만들어 놓았으면 걱정이 없었으련만!'
　최무선은 마음이 조급해졌습니다.
　'시도 때도 없이, 평화로운 나라를 침략하는 왜구들을 혼내 줘야 할 텐데! 다시는 침략을 못하게 뜨거운 맛을 보여 줘야 할 텐데!'
　지금의 화약은 무기로 사용하기에는 그 위력이 너무나 미미했습니다.
　그 때 원나라도 해적의 시달림을 받고 있었습니다. 이들은 왜구가 아닌 한족들이었습니다. 또 백련교를 믿는 무리들이 세력을 키워 반란을 일으켰습니다. 백련교는 미륵보살을 믿는 불교의 한 파였는데,
　"석가모니의 가르침이 말세에 이르러 세상이 어지러워지면, 그 때 미륵보살이 오셔서 중생을 구하시느니라."
　이렇게 믿고 있었습니다. 이 백련교를 이용하여 유복통이라는

자가 반란을 일으켰는데, 이들은 머리에 붉은 띠를 두르고 있어 '홍건적'이라고 불렸습니다. 홍건적은 어느덧 10여만 명의 큰 무리를 이루게 되었고, 원나라로서는 무시할 수 없는 큰 세력으로 성장했습니다.

1355년, 유복통은 백련교 교주를 황제로 추대했는데, 이 무리 가운데는 뒷날 명나라 태조가 된 주원장도 있었습니다.

원나라는 나라가 위기에 처하게 되자, 고려에 수군의 원조를 청해 왔습니다. 이 소문을 듣고 최무선은 아버지에게 말했습니다.

"아버님, 듣자 하니 원나라에서는 서경의 수군을 보내 달라고 청해 왔다고 합니다. 저는 뜻한 바가 있어 수전을 배우고 싶습니다. 그러니 이번 원정군에 참가하도록 허락해 주십시오."

서경의 수군은 유탁이 맡고 있었는데, 그는 아주 용맹스러운 장군이었습니다.

배짱이 두둑했고 무예가 뛰어난 유탁은 일찍부터 원나라에 들어가서 황제를 시위한 일도 있었습니다. 그런 이유로 원나라에서 유탁 장군을 특별히 지정해서 도움을 청했는지도 모를 일입니다.

최무선의 간청을 받은 아버지는 잠시 생각한 후에 말했습니다.

"나라를 위하는 너의 기상은 훌륭하다만, 아비가 늙었으니 곁에서 멀리 떼어 놓기가 불안하구나. 싸울 기회는 앞으로 또 있지 않겠느냐?"

최무선은 아버지의 몸이 퍽 쇠약해지셨다는 것을 알아챌 수가 있었습니다. 자식된 도리로서 차마 병든 아버지를 남겨 두고 떠날 수가 없었습니다.

"알겠습니다, 아버지. 집에 머물러 있겠습니다."

"고맙구나."

　최무선은 집에 있으면서 계속 화약의 성능을 높이기 위한 연구에 힘을 쏟았습니다. 그래서 대통에 화약을 다져 넣은 다음, 던질 수 있는 일종의 수류탄을 발명해 냈습니다. 아직 완전한 것은 못 되었지만, 상당한 위력이 있으리라고 믿고 있었습니다. 그런데 실제로 시험해 볼 기회가 없어서 그 성능을 확인하지 못하고 있었습니다.

　얼마 후 아버지는 세상을 떠났습니다. 슬픔에 잠겨 있는 최무선에게 또다시 좋지 않은 소식이 전해 왔습니다.

　"서방님, 큰일났습니다. 왜구가 또 쳐들어와서 승천포를 점령했답니다. 뱃길을 끊어 놓아서 장사치들이 배로 실어나르던 물건을 가져올 수도 없고, 벌써부터 사람들은 양식 걱정에 소란스럽다고 합니다."

　"뭐야? 이런 고약한 왜구놈들!"

　너무나 분해서 최무선은 두 주먹을 불끈 쥐었습니다.

　'정말 분하다. 아버님의 상만 아니라면, 당장 승천포로 달려가서 그 동안 연구한 불통을 시험해 볼 수 있으련만!'

　그러나 이번 침략은 최영과 이성계 등의 활약으로 무사히 물리쳤습니다. 나라에서는 1358년에 왜구를 맡아 물리치는 채복사라는 기구를 만들고, 책임자에 최영 장군을 임명하였습니다.

　물러갔던 왜구는 잠잠하지 않았습니다. 얼마 가지 않아서 더욱 극성을 부려 또 몰려왔습니다. 이번에는 교동섬을 점령하고 불을 질렀습니다.

　"아니, 뭐라고? 교동섬이 불바다라고?"

　이 소식에 송도는 발칵 뒤집혔습니다.

　"여봐라! 서둘러서 교동과 승천포에서 송도에 들어오는 길목인

서강에 성을 쌓으렷다!"

각도의 군사들이 모두 송도에 모여들었습니다.

그 때 엎친 데 덮친 격으로, 홍건적이 압록강을 건너서 서경을 함락시켰습니다.

고려는 바람 앞의 촛불과 같은 어려운 상황을 맞게 되었습니다.

최무선은 바삐 길을 떠날 준비를 하였습니다.

"왜 그러십니까? 어딜 가시려고요?"

부인이 걱정스러운 표정으로 물었습니다.

"나라가 위태로운데 어찌 집 안에 가만히 앉아 있을 수 있겠소? 최영 장군을 찾아갈 생각이오. 그 막하에 있게 해 달라고 부탁할 작정이오."

최영은 명문 가문의 출생으로, 최무선보다 나이가 조금 많았습니다. 그는 이미 크고 작은 싸움을 수십 번이나 겪은 명장으로 나라 안팎에 이름이 높았습니다.

공민왕 원년에는 조일신이 반역을 일으키자 이를 무찔렀고, 왜구와도 여러 번 싸웠으며, 원나라의 청으로 유탁 장군과 함께 원정군을 거느리고 출정한 일도 있었습니다.

최무선이 최영을 찾아가자, 마침 최영은 싸우려고 출발하는 중이었습니다.

"장군님 아래서 싸우고 싶어서 찾아왔습니다. 부족하지만 부디 슬하에 거두어 주십시오!"

"아, 잘 오셨소."

최영은 최무선을 반갑게 맞아 주었습니다. 화약에 대한 소문을 들어 알고 있었기 때문이었습니다.

"나도 화약의 소문을 들어 알고 있다오. 그런데 지금 서경의

도둑을 치려고 출발하는 길이니, 같이 갈 수가 없겠구려. 이성계 장군이 남아 있으니 거기에 머무르는 게 어떻겠소?"

최영은 이성계에게 최무선을 소개해 주었습니다.

최무선은 이렇게 해서 이성계와 알게 되었습니다. 그런 만남으로 인해 최무선은 뒤에 '이성계당'으로까지 불리게 되었습니다. 최무선은 결코 어느 당이나 무리 속에 치우쳐 당파에 끼여들고 싶지 않았지만, 세상 사람들은 그렇게 봐 주지를 않았던 것입니다.

이성계는 몹시 용감하고 총명해 보였습니다. 최무선이 인사를 나눈 다음에 화창과 불통에 대해서 설명하자, 큰 관심을 갖고 귀를 기울여 들었습니다.

"참 대단한 무기로군요. 큰 도움이 되겠습니다. 여기서 저와 함께 있으면서 적을 무찌르도록 합시다."

서경에서 승리의 소식이 전해졌습니다. 최영, 이방실, 안우 등이 홍건적을 크게 무찌른 것이었습니다.

그 소식을 들은 최무선은 마음 속으로 각오를 다시 했습니다.

'머지않아 반드시 왜구가 다시 쳐들어올 것이다. 그 때에는 기어이 화약과 화창의 뜨거운 맛을 보여 주고야 말겠다! 그 때까지 화약을 이용한 새로운 무기를 계속 개발해 내야 한다.'

자기의 피땀으로 만든 무기로 왜구를 혼내 줄 생각을 하자, 최무선의 가슴은 크게 두근거리기 시작했습니다.

화통 도감을 세우다

이듬해 여름이 되었습니다.

왜구가 또 송도 가까이에 모습을 드러냈습니다. 정말 끊임없이 우리 백성을 괴롭히고 못살게 구는 왜구였습니다.

이성계가 왜구를 맡아서 나가 싸웠습니다. 이성계의 아래에 있던 최무선도 함께 나가서 적을 맞아서 힘껏 싸웠습니다.

왜구들은 경상도·충청도를 휩쓸며 곡식과 온갖 재물을 빼앗아 가고, 경기도까지 올라오고 있었습니다. 이성계의 뛰어난 전술로 간신히 왜구를 물리칠 수가 있었지만, 전쟁의 위협은 줄어들지 않았습니다.

사정이 긴박해지자, 조정에서는 화약의 필요성을 절감하기 시작했습니다. 그래서 화약을 만들 줄 아는 최무선을 불러들였습니다.

1377년 우왕은 최무선을 직접 불러서 물었습니다.

"그대가 최무선인가?"

"네, 신이 군기감에서 일을 보고 있는 최무선이옵니다."

"그래, 그대가 화약을 만들 줄 안다고 하던데, 사실인가? 그대가 만든 화약이 어떤 것인지 낱낱이 말해 보아라."

"네, 먼저 이 화약을 보시옵소서. 이것이 신이 그 동안 연구에 연구를 거듭해서 만든 화약이옵니다."

최무선은 옆에 싸 가지고 왔던 보자기를 풀어서 화약을 내보였습니다.

"이 화약 한 덩이가 집 한 채, 배 한 척쯤은 능히 순식간에 부술 수 있는 무서운 힘을 가졌사옵니다."

우왕은 보자기 속의 화약을 보면서도 그 위력이 도무지 믿어지지 않는다는 표정이었습니다.

"아니, 그 조그만 덩어리에서…? 그게 정말 사실인가? 조금도 어김없는 사실이렷다?"

"마마, 신의 말이 믿기 어려우시다면 직접 보여 드리겠사옵니다. 당장 가까운 동산에 올라가 직접 실험해 보심이 옳을 줄로 아옵니다."

"그래, 그게 좋겠구나!"

최무선의 화약 폭발 시험을 보기 위해 임금님은 여러 신하들을 데리고 대궐 밖 동상으로 올라갔습니다.

최무선은 멀리 떨어진 곳에다 화약을 놓고, 심지에 불을 붙였습니다. 그러자 심지는 천천히 타 들어갔습니다.

"마마, 화약이 폭발할 때 나는 소리가 아주 요란하옵니다. 그러니 귀를 조심하옵소서."

최무선은 임금님과 다른 대신들에게 미리 큰 소리로 주의를 주었습니다.

마침내 심지가 다 타 들어가자 화약이 터졌습니다.

'펑!'

천지를 진동하는 듯한 요란한 소리가 터진 후, 흙과 먼지와 온갖 것들이 하늘을 뒤덮었습니다. 엄청난 소리와 터지는 힘에 놀라, 임금님과 신하들은 뒤로 나가자빠질 뻔하였습니다.

"허! 과연 엄청난 힘이로다!"

화약이 터진 자리에는 큰 구덩이가 패고, 근처의 풀과 나무들은 모두 박살이 났습니다. 믿을 수 없는 무시무시한 화약의 위력이었습니다.

"이런 화약이 있는 한, 우리가 왜구를 두려워할 필요가 없으리라!"

우왕은 최무선의 화약 실험을 보고 매우 기뻐하였습니다. 그리고 그 자리에서 당장 분부를 내렸습니다.

"당장 나라 안에 화통 도감(화약의 제조를 맡아 보던 곳)을 설치하게 하여라. 그리고 낮밤을 가리지 말고 부지런히 화약을 많이 만들어 내도록 하라."

우왕은 최무선을 화통 도감의 책임자로 임명하였습니다. 최무선만큼 화약에 대해서 많이 알고 있는 사람이 나라 안에는 없었기 때문이었습니다.

'아, 그토록 오랫동안 꿈꿔 왔던 내 꿈이 드디어 이루어졌구나! 인제 마음껏 화약을 개량하고 만들어 낼 수가 있게 되었어. 그럼 오랑캐나 왜구 따위는 두렵지도 않게 될 게다.'

최무선이 오랜 세월 혼자서 고생하며 화약을 만들었던 보람이 드디어 나타난 것입니다.

새로운 무기를 만들어

갑자기 새로운 벼슬 자리에 앉게 된 최무선을 다른 신하들은 매우 부러워하였습니다.

"화통 도감의 책임자가 되었으니 얼마나 기쁘시오?"

"정말 부럽기 짝이 없소이다그려."

"그렇게 노력했으니 당연한 결과 아니오? 헛간에서 살다시피 하면서 연구에 골몰했으니 말이오, 하하하."

그러나 최무선은 높은 벼슬 자리에 있으면서도 그것을 조금도 자랑으로 여기지 않았습니다. 그저 화약을 대량으로 생산해 내는 데 온 힘을 기울였습니다.

최무선은 화통 도감의 책임자가 된 바로 그 날부터 온 나라의 기술자들을 불러들였습니다.

"하루속히 많은 화약을 만들어 내야만 하오. 그러니 모두 부지런히 내 말에 따라 주시오."

그는 수많은 기술자들을 지휘하여 화약을 대량으로 만들기 위한 공장을 지었습니다. 화통 도감을 세우는 데에 적극 찬성한 사람이 있었는데, 바로 최영 장군이었습니다. 최영 장군은 화약을 만들어 함부로 사용하는 것을 철저히 막고 안전 관리를 잘 하도록 하였습니다.

무기를 만드는 공장에는 염초를 굽는 큰 가마솥을 십여 개나

걸고, 숯가루와 유황을 섞어 화약을 만드는 공장도 그 옆에 따로 지었습니다. 또 대장간도 여러 개 짓고, 창과 칼·화살촉은 물론, 화약을 쏠 화포도 만들게 하였습니다.

'화약을 이용한 무기를 만들어야 한다. 화창이나 화포를 만들면 효과가 아주 클 것이다.'

최무선은 밤낮을 가리지 않고, 화약을 만들고 화포를 만드는 일에 온갖 힘을 기울였습니다. 그러면서도 자기 밑에서 열심히 일하고 있는 많은 기술자와 일꾼들을 가족처럼 아끼고 돌보아 주었습니다.

많은 노력 끝에, 마침내 최무선이 임금님이 보는 앞에서 화포의 힘을 시험하게 되었습니다.

새로 만들어진 화포에는 '화통'이란 이름을 붙였습니다. 최무선은 이 화통의 겉모습을 우선 임금님께 하나하나 자세히 설명하였습니다.

"전하, 그러면 화포를 직접 쏘아 보도록 하겠습니다."

"오, 그렇게 하도록 하오."

임금님은 신기한 눈으로 새 무기를 바라보며 고개를 끄덕였습니다.

최무선은 임금님과 여러 대신들이 지켜 보는 앞에서 화포 속에 화약을 장치하고 거기에 불을 붙였습니다.

'지지직' 소리를 내며 불이 타 들어가더니, 곧 이어

"쾅!"

하는 요란한 소리와 함께 화포 구멍에서 시뻘건 불덩이가 날아갔습니다.

"으악!"

사람들은 비명을 질러 댔습니다.

온 천지가 흔들렸습니다. 화포가 쏜 불덩이가 멀리 날아가 떨어진 자리는 땅이 깊숙이 패고, 근처의 풀과 나무들이 모두 뽑혀 날아갔습니다.

"하하하, 훌륭한 무기로다!"

"그러하옵니다, 전하. 이 화포의 힘이라면 수백 척의 왜구의 배가 들어온다고 해도 능히 쳐부술 수 있습니다."

"암, 그렇고말고."

지켜 보던 임금님과 신하들은 기쁨을 감추지 못했습니다.

그 날, 화포의 시험을 끝내고 임금님은 너무나 기뻐서 최무선을

궁중으로 불러 큰 잔치를 베풀었습니다.

"경은 그 동안 참으로 노고가 많았소. 오늘 낮에 그대가 새로 만든 그 화포와 여러 가지 무기들을 보니, 이제는 왜구가 쳐들어온다 해도 하나도 두려울 게 없다는 생각이 드오. 오히려 기회가 오면 왜구들을 찾아가 한바탕 혼쭐을 내주고 싶구려."

임금님은 최무선을 옆으로 가까이 오게 한 다음, 그의 손을 꼭 잡으며 칭찬해 주었습니다.

최무선은 임금님께 새로운 간청을 하였습니다.

"전하, 소신이 보기에 아직은 저의 고려에 부족한 것이 있사옵니다."

"무엇인지 어서 말해 보오."

"이제 화약과 화포는 어지간히 마련되었사오나, 그것을 싣고 바다에 나아가 싸울 배가 많이 모자라옵니다. 그러하오니, 이제는 속히 병선을 만들 수 있도록 분부하여 주시옵소서."

"허, 듣고 보니 옳은 말이오. 전함을 만드는 일도 최 제조에게 맡기겠으니 알아서 해 주오."

임금님은 최무선에게 배 만드는 일을 명한 다음, 다시 신하들을 향해 다시 한번 당부하였습니다.

"모두 들으시오. 최 제조가 병선을 만드는 데에 조금도 불편함이 없도록 힘을 합해 도와 주도록 하시오."

그만큼 최무선에 대한 임금의 기대는 컸던 것입니다.

1377년, 우왕은 화통 도감을 설치하고 최무선으로 하여금 화약을 만들도록 하였습니다. 그리고 최무선은 다시 여러 달을 두고 여러 척의 병선을 만들었습니다. 젊고 건장한 젊은이들이 동원되어 빠르고 튼튼한 전함을 만들기에 구슬땀을 흘렸습니다. 이윽고 수십 척의 배가 완성되었습니다.

"자, 이번에는 완성된 배에 무기들을 설치하도록 하여라."

최무선은 새로 만들어진 배에 화통을 비롯한 새로운 무기들을 설치하였습니다.

보기만 해도 든든해지는 웅장한 배였습니다.

'못된 왜구들, 쳐들어오기만 해 봐라. 새 무기로 모조리 박살을 낼 테다!'

최무선은 왜구에게 화포를 쏠 날을 기다렸습니다.

왜구의 잦은 침략

　1378년 우왕 4년에 또다시 왜구가 수백 척의 배로 몰려왔습니다. 순식간에 남해안 일대를 약탈한 후에 지리산 방면으로 들어갔습니다.

　나라에서는 이성계를 보내어 왜구를 막게 하였습니다. 이미 1372년 공민왕 21년에 왜구가 안변과 함주에 몰려왔을 때부터 번번이 왜구를 무찌른 일이 있는 이성계는 조금도 겁내지 않았습니다.

　지리산 기슭에 이르러 보니, 왜구의 세력은 매우 강대하였습니다. 숫자도 많은데다가 사기도 하늘을 찌를 듯했습니다.

　"휘잉!"

　이성계의 활이 공중을 가르고 날아가 왜장의 가슴에 박혔습니다.

　"으악!"

　고함 소리와 함께 왜장이 말 위에 떨어져 땅에 굴렀습니다. 이성계의 활솜씨는 정말 뛰어났습니다.

　"공격하라!"

　"왜장이 죽었다! 단숨에 무찔러라!"

　고려군은 통쾌한 듯 함성을 지르며 공격해 들어갔습니다. 사기가 떨어진 왜구들은 대항하지도 못하고 도망을 쳤습니다.

　이성계는 왜구의 주력 부대를 짓밟아 승리를 거두었습니다. 이성계의 아들 중에서 무예가 뛰어나고 매우 용맹스러웠던 이방원은

왜구 토벌에 아버지를 따라 참전하여 많은 경험을 쌓았습니다.

그 해 여름, 왜구들은 또 황해도에 상륙하여 약탈을 일삼았습니다. 양백익은 왜구를 토벌하려 하였으나 오히려 힘에 밀려 밀려났습니다.

"빨리 구원군을 불러 주시오."

양백익의 요청으로 조정에서는 구원군으로서 이성계를 급히 보냈습니다. 해주에 이른 이성계는 왜구와 마주쳤습니다.

"적은 보병전에는 강하나 기병전에는 약하다. 사방에서 기병으로 뚫고 나가라! 내가 적의 앞머리를 꺾을 테니 공격을 개시하라!"

양쪽 군사가 마주 보고 있는데, 이성계는 작전 명령을 내리면서 활을 들었습니다. 그리고 연달아 화살을 날렸습니다. 화살이 날아갈 때마다 어김없이 왜구들이 쓰러져 땅바닥에 곤두박질을 쳤습니다.

"와, 명중이다!"

이성계의 부하 장군들과 병졸들은 이성계의 놀라운 활 솜씨에 모두 감탄하였습니다.

최무선이 화약을 이용한 여러 가지 강력한 무기를 개발하느라고 땀을 쏟고 있을 때도, 왜구는 시도 때도 없이 몰려와 노략질을 일삼기에 바빴습니다.

화포로 왜구를 무찌르다

1380년, 고려 우왕 6년 8월, 최무선이 기다리던 날이 왔습니다.

왜구가 500여 척의 배를 이끌고 서해안의 진포에 쳐들어왔습니다. 진포란 지금의 충청 남도 서천을 말합니다. 왜구는 배를 진포에 정박시킨 다음에, 충청도·전라도·경상도의 바닷가 고을을 습격하였습니다.

"이번에는 아주 끝장을 내고야 말리라!"

"언제나 꼼짝도 못하지 않습니까? 아주 만만한 놈들이에요."

"제대로 막지도 못하는 바보들이야. 하하."

"그저 먹고 살 농사밖에는 지을 줄 모르는 무지랭이들이라구. 죽을 둥 살 둥 농사를 지으면 뭘 하나? 죽 쑤어서 개 주는 꼴이지! 우리가 한바탕 분탕질을 쳐서 싹 쓸어 가 버리면 남는 게 뭐야?"

왜구는 우리 고려에 변변한 무기가 없는 것으로 알고, 의기 양양하게 큰소리를 치며 몰려왔습니다. 그리고 이전과 같이 배들을 나루에 대어 나란히 묶어 놓고는 마음대로 육지로 기어올라왔습니다.

"자, 목숨이 아깝거든 곡식을 다 내놓아랏!"

"빨랑빨랑 가축들을 몰아 오지 못할까!"

왜구는 무섭게 눈을 부라리며 닥치는 대로 노략질을 시작했습니다.

눈에 띄는 것은 모조리 다 빼앗아 갔습니다. 곡식과 가축을 마구 빼앗고, 사람을 죽이고 집에 불을 지르기도 하였습니다.

이렇게 왜구들이 한바탕 거쳐 간 마을에는 무엇 하나 성하게 남아 있는 것이 없을 정도였습니다.

"이런 나쁜 놈들! 도저히 그대로 둘 수가 없도다. 여봐라! 당장 최영 장군을 들라 하라!"

조정의 연락을 받고 최영 장군은 즉시 달려왔습니다.

"마마, 부르셨사옵니까?"

"그렇소. 왜구놈들이 다시 침략해 왔소. 잠시도 우리 백성을 편안하게 두지 않는구려. 그 피해가 이루 말할 수 없다고 하니 어찌 그냥 두겠소? 이번 기회에 아주 혼을 내었으면 하오."

"네, 알겠사옵니다."

최영의 부리부리한 눈에서 무서운 빛이 번득였습니다. 당시 최영 장군은 고려의 수군(해군)을 총지휘하는 직책을 맡고 있었습니다.

그 때까지 고려는 계속 왜구의 노략질을 당해 오기만 하였으므로, 임금님도 은근히 걱정이 되었습니다. 그래서 최영은 왜구를 무찌르러 떠나기 전에 임금님 앞에 나아가 이렇게 말하였습니다.

"전하, 조금도 심려하지 마시옵소서. 우리 고려군의 군사력은 예전과는 크게 다르옵니다. 지금은 훌륭한 무기가 있지 않습니까? 최무선이 새로 만들어 낸 훌륭한 화약과 화포가 있습니다. 무서운 왜구라지만 우리가 가진 신무기로 충분히 무찌를 수 있사옵니다. 그러니 부디 마음을 놓고 승전의 소식을 기다리시옵소서. 소신을 믿으시옵소서."

"고맙소.

아무쪼록 왜구들을 무찔러 큰 공을 세우고 돌아오시오.”

“성은이 망극하옵니다.”

이 때, 최무선은 최영 장군 휘하인 수군의 부원수가 되어 함께 병선을 이끌고 왜구를 치러 나가게 되었습니다.

화약과 무기를 직접 만든 최무선이 군대를 이끌고 싸움터로 나간다는 소식을 들은 백성들은 매우 기뻐하였습니다.

“제발 승리해 주었으면!”

“우리 고려에도 우수한 무기가 있고, 만만치 않은 군사들이 있다는 것을 보여 주었으면 얼마나 좋을까?”

백성들의 뜨거운 바람을 싣고, 최무선이 이끄는 수군은 진포에 이르렀습니다.

왜구는 500여 척의 많은 배를 파도에 밀려 다니지 않게 하나하나 밧줄로 엮어 단단히 매어 놓고 있었습니다. 그러니까, 넓은 진포 바다는 왜구의 배들로 꼭 차 있는 셈이었습니다.

최무선은 바다를 휘 둘러보았습니다.

“아주 잘 되었다. 내가 만든 화포로 공격하기에 안성맞춤이다. 이놈들, 어디 두고 보자.”

최무선은 병선을 이끌고 왜구의 배 가까이로 천천히 다가갔습니다. 그리고 왜구의 배를 멀리서 포위하였습니다.

이것을 본 왜구들은 저희들 배 안에서 코웃음을 치며 우습게 여겼습니다. 지금까지 고려의 수군이 먼저 싸움을 걸어 오는 것을 단 한 번도 본 적이 없었기 때문입니다.

“무기도 변변히 갖추지 못한 것들이 우리를 치겠다는 거야? 허수아비 같은 것들이 어디서 배는 주워 타고 나타났지?”

“으하하하, 모두 한꺼번에 물귀신이 되고 싶어서 안달이 난

모양이로구나. 좋아, 소원을 이루어 주지!"

최무선이 거느린 고려의 수군을 보고, 왜구들은 저희들끼리 깔깔거리고 웃었습니다. 그런데 시간이 꽤 흘렀는데도 고려의 수군은 멀리서 에워싸고만 있을 뿐, 왜구의 배들이 있는 나루 쪽으로 가까이 공격해 올 생각을 하지 않았습니다.

이상한 일이 아닐 수 없었습니다. 맞서 싸우려면 반드시 가까이 접근해 와야 했기 때문입니다.

이것을 본 왜구들은 떠들어 대기 시작했습니다.

"저놈들이 우리 병선의 수만 보고도 지레 겁먹은 모양이야. 그러니 가까이 올 생각조차 못 하는 거야."

"그렇지만 어쩐지 좀 이상한 생각이 드는데?"

왜구들이 수상한 낌새를 눈치채고 안절부절못할 때였습니다. 눈을 크게 이리저리 굴리며 사방을 살피고 있을 때 큰 고함 소리가 들려 왔습니다.

"공격 시작!"

고려군 쪽에서 나는 벽력 같은 목소리였습니다.

"에쿠, 이게 무슨 소리냐?"

"글쎄, 무슨 말인지 모르겠는걸?"

왜구들이 다급하게 말을 주고받는데, 고려의 수군은 최무선의 공격 명령에 따라 왜구의 배를 향해서 일제히 화포를 쏘기 시작하였습니다.

'쾅! 우르르 쾅!'

'펑! 펑! 콰당…. 쾅!'

천지를 뒤엎는 듯한 화포 소리에 왜구들은 정신을 잃었습니다.

연달아 날아오는 불덩이들이 왜구의 배에 떨어지자, 이 배

저 배에서 불길이 치솟기 시작하였습니다.

'콰앙 쾅! 쉬잇, 콰르르 쾅!'

최무선의 지휘로 고려 수군이 쏘아대는 화포의 불덩이는 왜구의 수많은 배를 삽시간에 불태워 버렸습니다. 정말 눈 깜짝할 사이에 배들은 불덩이가 되어 바닷속으로 사라져 갔습니다. 왜구들은 자기들의 눈앞에서 벌어지는 믿을 수 없는 광경에 부들부들 떨기만 할 뿐, 어찌할 바를 몰랐습니다.

"아니, 이게 꿈이야, 생시야?"

"이, 이런 일이 어떻게?"

너무나 놀란 왜구들은 정신을 차리지 못하고 갈팡질팡하였습니다. 갈팡질팡하는 동안에도 여기저기서 불덩이가 날아왔습니다.

불과 한나절 만에 왜구의 배들은 불타거나 부서져 모조리 물속에 가라앉고 말았습니다.

"만세!"

"고려 수군 만세!"

고려의 수군들은 기쁨의 만세를 불렀습니다.

"부원수, 참으로 멋진 승리요. 우리 고려 수군이 이렇게 큰 승리를 거두어 보기는 처음이오. 고맙소."

이번 싸움에 함께 나와 도왔던 도원수 심덕부는 최무선의 손을 잡고 기뻐서 어쩔 줄을 몰랐습니다.

육지에 올라와 노략질에만 정신이 팔려 있던 왜구의 무리들은 뒤늦게 부두로 돌아와 보고 깜짝 놀랐습니다. 자기들이 타고 온 배가 한 척도 보이지 않았기 때문이었습니다. 왜구들은 놀라서 얼굴이 파랗게 질렸습니다. 일본으로 실어다 줄 배가 없다면 큰일이 아닐 수 없었기 때문입니다. 당황한 왜구들은 다급하게 정말 믿어지지 않는 일이었습니다.

소리쳤습니다.

"아니, 이거 어떻게 된 일이지? 우리 배가 다 어디 갔지? 배가 어디로 가 버린 거야? 엉?"

정말 믿어지지 않는 일이었습니다.

"그럴 리가…. 우리를 두고 돌아갈 까닭이 없는데……?"

"저 바다에 떠돌아다니는 나뭇조각들은 뭐야?"

그 때였습니다.

"앗! 저기! 저기 좀 봐!"

왜구 중 한 사람이 크게 소리쳤습니다.

"어푸어푸!"

바닷속에서 몇 명의 왜구가 죽어라 헤엄을 쳐서 바닷가로 나오고 있는 게 아닙니까! 간신히 살아 남은 왜구 몇 명이 헤엄을 쳐서 바닷가로 나왔습니다. 그리고 대장에게 기어와서 사실을 보고하였습니다.

"대, 대, 대장님! 크, 큰일났습니다!"

"고려의 수군이 갑자기 나타나 무서운 화포로 우리 배를 몽땅 쳐부수고 불태워 버렸습니다."

대장의 얼굴이 놀라서 굳어졌습니다.

"무엇이 어쩌고 어째! 그 동안 너희놈들은 무엇들을 하고 있었더냐? 이 바보 같은 놈들!"

왜구의 대장은 화가 치밀어 시퍼런 칼을 뽑아 단칼에 부하들의 목을 쳤습니다.

때를 같이하여, 육지에서는 이성계가 이끄는 고려의 육군이 전라도와 경상도에 흩어져 있는 왜구를 크게 무찔렀습니다.

물론, 최무선이 만든 화약을 사용하였기 때문에 큰 승리를 거둘 수 있었던 것입니다. 마침내 최무선은 온 나라를 걱정에 싸이게 하던 왜구를 물리치고 개경으로 돌아왔습니다.

대궐에서는 최무선의 승리를 축하하는 큰 잔치를 베풀고, 임금님은 그에게 '영성군' 이라는 시호와 함께 높은 벼슬을 내렸습니다.

쓰시마 정벌

그 후에도 최무선은 여러 차례 싸움터에 나아가 큰 공을 세웠습니다.

최무선도 어느덧 나이가 많은 노인이 되었습니다. 청년이었던 때가 엊그제 같은데 세월은 화살처럼 빨리 흘러가 버린 것입니다.

'정말 세월이 빠르구나. 어느덧 노인이 다 되었어. 허허.'

어린 소년 시절부터 장년이 될 때까지, 화약을 연구하고 무기를 만드느라고 너무도 애를 썼기 때문에, 그의 얼굴은 나이보다 훨씬 더 늙어 보였습니다. 그렇지만 나라를 위하는 일이라면 아직도 청년 못지않은 뜨거운 충성심에는 조금도 변함이 없었습니다. 아직도 몸을 아끼지 않았습니다.

1389년, 창왕이 새로 임금 자리에 오르던 해였습니다.

고려에서는 이제 왜구쯤을 무찌르는 데에는 자신이 생겼습니다.

"인제 우리에게도 힘이 있으니, 왜구를 혼내 줍시다."

"좋습니다. 본때를 보여 줘야 섣부른 짓을 못할 테니까요."

조정에서는 기회만 있으면 침략해서 노략질을 일삼는 왜구를 무찌르기로 결정했습니다. 그리하여 병선 100여 척을 이끌고 왜구의 근거지로 알려진 쓰시마 섬을 공격했습니다.

"아, 아니! 감히 우리를 공격해 오다니!"

"정말 믿어지지 않는걸? 늘 우리가 쳐들어가면 도망치기 바쁜 착해빠진 백성들이었잖아? 갑자기 왜 이렇게 용감해진 거지?”

“어이쿠, 공격이 제법 무서운데?”

왜구들이 여태까지 생각하던 그런 군사들이 아니었습니다. 사기는 하늘을 찔렀고, 앞다투어 공격하는 눈빛이 날카로웠습니다.

“그래도 우린 배가 세 배나 되는 300척이나 되잖아? 고작 100여 척으로 우릴 치겠다고?”

“자, 겁내지 말고 어서 나가 싸우자!”

왜구들도 군사를 정비하여 맞싸우려고 나왔습니다. 그러나 배의 숫자와 군사의 숫자가 많은 게 문제가 아니었습니다. 던지면 던지는 대로 무서운 폭음과 함께 배를 순식간에 불태워 버리는 성능이 뛰어난 화약이 우리에게 있었기 때문이었습니다.

“으악! 이게 뭐냐?”

“어서 도망쳐랏! 배에 불이 붙었다!”

놀란 왜구들은 불이 붙은 배에서 마구 바다로 뛰어내렸습니다. 삽시간에 바닷가는 아수라장이 되어 버렸습니다.

“한 놈도 살려 두지 마라!”

“우리가 당한 고통을 다 갚아 주어랏!”

우리 군사들은 함성을 지르며, 공격을 퍼부어서 왜구의 배 300여 척을 모조리 불태워 버렸습니다. 속이 시원한 통쾌한 승리가 아닐 수 없었습니다. 그 동안에 힘이 없어서 빼앗기고 당하고만 살았던 순박한 우리 백성들의 한을 시원하게 풀어 준 것입니다. 왜구들은 고려가 먼저 공격해 올 줄을 꿈에도 몰랐기 때문에 속수 무책으로 당할 수밖에 없었습니다.

“와, 우리가 이겼다!”

“나쁜 왜구놈들을 무찌르고 나니, 속이 후련하구나!”

"그 동안 당했던 복수를 하고 나니, 인제 살 것 같구나!"

또 쓰시마 섬에 붙잡혀 가 고생하던 고려 사람 100여 명을 데리고 돌아왔습니다. 그 후로는 다시 왜구가 우리 나라에 들어와 노략질을 못 하게 되었습니다. 예전처럼 만만하게 볼 수 없었던 것입니다.

기울어져 가는 고려

세월이 흐르는 동안 고려에도 큰 변화가 생겼습니다.

최무선이 살았던 고려말은 외세의 잦은 침략으로 고려가 큰 고통을 받고 있었습니다. 뿐만 아니라 안으로도 조정이 매우 혼란스러웠습니다.

원나라의 속박에서 벗어나기 위한 배원 정책을 썼던 공민왕은 거의 100년 동안 원나라에게 시달려 왔던 고려의 자주성을 회복하려고 많은 노력을 기울였습니다.

기 황후(奇皇后)를 믿고 설치던 기철 일파를 물리치고, 쌍성총관부를 쳐서 고려의 옛 땅을 되찾았으며, 원나라의 연호를 사용하지 못하게 하였습니다.

"이번에는 동녕부를 공격하라! 잃어버린 우리 땅을 다시 찾아야겠노라."

공민왕은 북벌 정책을 펼쳐서 최초의 북벌을 실천하기도 했습니다.

그러나 그렇게 자주 정신이 강하고 예술가로서의 재능도 많았던 왕은 1365년(공민왕 14년)에 아끼던 왕비인 노국 공주가 죽자, 큰 슬픔에 잠겼습니다. 더구나 아기를 낳다가 난산으로 죽었기 때문에, 왕의 슬픔은 더욱더 컸습니다.

"오, 나를 두고 먼저 가다니! 왕비! 가엾은 우리 왕비!"

공민왕은 노국 공주의 초상화를 그려 놓고 날마다 그것을 보며 슬픔 속에 잠겨 세월을 보냈습니다.

"여봐라! 대궐 안에 왕비의 초상화를 모셔 둘 영전을 건조하게 하라!"

이렇게 공민왕이 정치에 의욕을 잃고 있을 때, 왕의 앞에 나타난 사람이 중인 신돈(辛旽)이었습니다.

신돈은 어려서 중이 되었는데, 신통한 능력을 지니고 있다고 이미 나라 안에 널리 소문이 나 있었습니다. 신돈은 공민왕의 큰 신임을 받으면서 빠른 속도로 나라의 권세를 잡았습니다. 그러자 조정에는 신돈을 따르는 무리로 가득 차게 되었습니다. 자연히 정치는 어지러워졌고, 바른말을 잘 하는 충신들은 죽음을 당하였습니다. 충신들은 여러 번 간사한 신돈을 몰아 내려고 꾀했으나 사전에 발각되어 죽음을 당하고 말았습니다.

1371년, 신돈은 자기의 죄가 드러나는 것을 두려워하여, 한 발 먼저 공민왕을 살해하려다가 탄로가 나서 처형을 당하였습니다. 그러나 신돈이 권력을 잡았던 6년 동안 고려의 정치는 아주 어지러워져 있었습니다.

1374년, 공민왕 23년이 되던 해, 끝내 왕은 홍륜과 최만생에게 시해당하고 말았습니다. 공민왕에게는 왕자가 없었기 때문에, 조정에서는 다음 임금을 세우는 데 여러 가지 의견이 많았습니다.

"마마의 분부대로 강녕 부원 대군이 왕위에 올라야 합니다."

이인임이 강녕 부원 대군을 왕으로 추대해야 한다고 강하게 주장하였습니다. 그러나 시중인 경복흥 등은 왕족 중에서 골라야 한다고 맞섰습니다.

"절대로 아니 되옵니다. 이미 선왕께서는 강녕 부원 대군으로 왕위를 잇도록 말씀이 계셨습니다."

이인임은 평소에 공민왕으로부터 강녕 부원 대군으로 대를 잇게 하라는 명을 받았기 때문에, 이를 강력하게 주장하였습니다. 이리하여 강녕 부원 대군이 왕위에 올랐으니, 이가 고려 32대 왕인 우왕입니다.

우왕은 신돈의 첩인 반야의 아들이라는 말도 있습니다. 신돈은 공민왕과 반야를 가깝게 지내도록 일부러 일을 꾸몄기 때문인데, 공민왕의 아들인지 우왕의 아들인지는 지금까지도 확실하지 않습니다. 그러나 공민왕은 자기 아들로 굳게 믿고 궁궐로 데려와서 강녕 부원 대군이라고 부르게 하였습니다.

왕위에 올랐을 때 우왕은 나이가 겨우 열 살이었습니다. 그래서 우왕을 왕으로 추대하는 데 큰 공을 세웠던 이인임이 나라 일을 마음대로 휘둘렀습니다. 이인임 무리의 행패는 날로 심해졌습니다. 억울하게 죽은 자, 억울하게 땅과 재물을 빼앗긴 자의 수는 헤아릴 수 없이 많았습니다.

그러자 더 이상 백성들의 고통을 그대로 보고 있을 수가 없었던 이성계는 최영을 찾아가서 의논을 하였습니다.

"장군님, 도저히 더 이상은 참지 못하겠습니다.

어지러운 나라 형편을 어떻게 처리해야 좋겠습니까?"

이성계는 최영에게 나라 안의 어지러운 정세를 수습하자고 했습니다. 당시 이성계보다 최영의 나이가 약 스무 살 가량 더 많았습니다.

"이 장군, 우리는 문신이 아니고 무신이 아닙니까? 장군들이 나라 일에 섣불리 관여해서는 안 됩니다. 되어 가는 것을 조금만 더 기다려 봅시다."

최영은 이성계를 말렸습니다. 자칫 성급히 행동해서 잘못 군사를 일으켰다가는 반란을 일으킨 대죄인이 되고 맙니다. 최영의 지혜로운 판단이 옳았습니다.

우왕 14년인 1388년 정월, 이인임의 무리들이 죽음을 당했습니다.

이인임 일당인 임견미, 염흥방 등이 조반의 땅을 빼앗은 사건이 일어나자, 같은 패인 이광이 조반의 집에 들어가서 땅문서를 빼앗아 달아났습니다. 조반은 단숨에 달려가 이광을 베고 이광의 집에 불을 질렀습니다. 임견미와 염흥방은 분함을 참지 못하고 조반을 역모로 몰았습니다.

"아니옵니다, 마마. 조반은 억울하옵니다!"

최영과 이성계가 우왕 앞에 나가서 조반의 무죄를 주장하였습니다. 그리고 비로소 이인임 무리의 행패를 일일이 들어서 이들을 제거해야 한다고 간절하게 아뢰었습니다.

"알겠소. 최영, 이성계, 두 장군은 즉시 이인임과 그 일파를 잡아들이시오!"

우왕은 오랜만에 시원하고도 통쾌한 명령을 내렸습니다.

그 날, 임견미와 염흥방은 잡혀 와서 즉시 처형되었고, 이인임은 옥에 갇혔습니다. 이 일로 인해 최영과 이성계는 더욱더 백성들의 존경을 받게 되었습니다.

최 영은 문하 시중(오늘날의 수상)이 되고, 이성계는 수문하 시중(오늘날의 부수상)이 되었습니다.

최영과 이성계의 두 큰 세력은 겉으로 보기에는 아무 일도 없는 듯이 보였습니다. 그러나 속으로는 보이지 않는 싸움이 자라가고 있었습니다.

이 무렵, 중국에서는 두 세력이 맞서고 있었습니다.

주원장(朱元璋)은 원나라의 세력이 약해지는 것을 틈타서 홍건적에 들어가 세력을 키웠습니다. 그러더니 1368년에 남경을 수도로 삼고 명나라를 세웠습니다. 중국 대륙에서는 새로 일어난 명나라와 밀리는 원나라의 두 세력이 다투게 되었습니다.

고려는 자연히 두 나라와 관계가 문제가 되었습니다.

"우리 나라는 강한 나라와 손을 잡아야 합니다. 새로 일어나는 명나라는 강하니 당연히 명나라와 가까이 지내야 합니다."

"사람이 어찌 의리를 헌신짝 버리듯이 할 수 있소이까? 오랫동안 원나라와 가까이 지냈으니 도리상 원나라를 멀리할 수 없습니다."

그래서 조정은 친명파와 친원파로 갈리게 되었습니다. 최영과 그를 따르는 세력은 친원파였고, 이성계와 정몽주, 정도전, 조준 등은 친명파였습니다.

명나라는 원나라 세력을 연경(지금의 베이징)에서 몰아 내고 만주까지 밀고 올라왔습니다. 명나라는 고려와 국경을 마주 대하게 되자, 고려에게 무리한 요구를 해 왔습니다.

'철령 이북의 문천, 고원, 영흥, 정평, 함흥 등을 거쳐 공험진에 이르기까지는 본래 우리 나라의 땅이다, 마땅히 우리에게 내놓아야 할 것이다.'

참으로 어이없는 요구였습니다. 완전히 생떼를 쓰고 있는 꼴이었습니다. 조정에서는 이 때문에 날마다 회의를 하였습니다.

"결코 받아들일 수 없는 일이오. 차라리 군사를 일으켜 명나라를 칩시다. 그것이 더 나을 것이오."

친원파인 최영의 주장이었습니다.

"전쟁은 이로울 게 없소이다. 우리 국토를 지키는 일이 반드시

군사를 일으켜서 되는 것은 아닌 줄 압니다. 외교로써 해결하는 게 좋겠소이다."

친명파에서 이를 강하게 반대하고 나섰습니다.

"명나라가 원나라를 정복하게 되면, 머지않아 고려를 칠 것이오. 불을 보듯이 뻔한 일 아니오? 그러니 명나라가 더 크기 전에 이를 무찔러야 하오. 그 길만이 우리 국토를 보전하는 길이외다."

최영은 반대파의 말을 막으며 단호한 목소리로 말했습니다.

"이 장군은 어찌 생각하시오?"

최영은 이성계에게 물었습니다. 명나라를 치게 되면 가장 앞장 서야 할 사람이 이성계였기 때문입니다.

"저는 전쟁에 반대입니다. 작은 나라가 큰 나라를 치는 일은 승산이 없습니다. 전쟁보다는 원나라와 외교 관계를 끊고, 오로지 명나라와 외교 관계를 맺으면 명나라도 억지 요구는 하지 않을 것입니다."

이성계의 말에 최영은 고개를 저었습니다.

"늦었소. 외교는 이미 통하지 않소. 전쟁으로만 우리 뜻을 이룰 수 있소."

최영은 자기 주장을 강력히 밀고 나갔습니다. 그러나 이성계도 굽히지 않고 자기 주장을 내세웠습니다.

"달걀로 바위를 치시겠습니까? 우리가 동원할 수 있는 군사는 고작해야 4만 정도입니다. 백만 대군도 아닌데 어찌 명나라를 쳐서 넓은 중국 대륙을 정복할 수 있겠습니까?"

며칠 동안이나 회의를 거듭했어도 쉽게 결론이 나지 않았습니다. 그래서 회의는 연일 계속되었습니다.

위화도 회군

결국 회의에 회의를 거듭한 결과, 왕명으로 요동 정벌이 결정되었습니다.

최영은 팔도 도통사가 되고, 조민수가 좌군 도통사, 이성계가 우군 도통사가 되었습니다. 요동 정벌의 고려군은 3만 8천 8백 명으로 편성되었습니다.

이성계는 마지막으로 다시 건의를 하였습니다.

"출진 명령이 내렸으니 출발은 하겠습니다. 그러나 마지막으로 다시 한 번 지금 상황으로 전쟁이 불가한 이유를 말씀드리겠습니다. 첫째는 작은 나라가 큰 나라를 치는 것은 승산이 없고, 둘째, 농사철에 군사를 동원하는 것은 옳지 않습니다. 셋째, 군사를 이끌고 원정을 한 틈을 타서 왜구가 침공할 허점이 있습니다. 넷째, 장마철이라 무더워서 활이 풀리고, 전염병이 돌아 사기가 떨어질 것입니다."

그러나 최영은 고개를 젓고 말했습니다.

"인제서야 어찌하겠소? 이미 왕명이 떨어졌으니 따르도록 하시오."

아무리 생각해도 무모한 짓인 것 같아서, 이성계는 다시 우왕 앞으로 나아가 건의하였습니다.

"상감마마, 황공하옵니다. 때가 더운 장마철이라서 전쟁하기가 어렵습니다. 요동에 나간다 해도 군량이 모자라면 사기가 저하되어 싸울 수도 없습니다. 가을을 기다려 식량이 풍족할 때 진군하는 것이 좋겠습니다.”

그러나 우왕의 마음은 돌이킬 수 없었습니다.

“이미 군령을 내리지 않았소? 한번 내린 군령을 어찌 금세 거둔단 말이오? 군령은 엄중한 것이니, 그대로 따르도록 하오.”

이성계는 크게 한숨을 내쉬었습니다. 정말 답답하기 짝이 없는 명령이었습니다.

이길 수 없는 싸움에 수많은 백성의 목숨을 거는 꼴이 아닐 수 없었습니다. 그러나 부하된 자로서 명령에 순종해야만 했습니다.

‘이렇게 무리한 일을 감행하다니! 참으로 어리석은 일 아닌가! 그래도 어명이 떨어졌으니 출발할 수밖에!’

이리하여 4월 18일, 우왕은 평양에 남고 좌우군이 군사를 이끌고 서울을 출발하였습니다. 최영은 우왕이 곁에 남아 있으라고 명령해서, 이성계와 조민수가 좌우군을 거느리고 떠났습니다.

때마침 장마철이라 하루 내내 비가 주룩주룩 내렸습니다. 옷은 젖고 무기도 눅눅해졌습니다.

“에이, 이렇게 죽으나 저렇게 죽으나 마찬가지다! 기왕에 죽을 바에야 집에 가서 따뜻한 밥이나 실컷 먹다가 죽어야겠다.”

이렇게 생각하는 병사들의 숫자가 늘어 갔습니다. 병사들의 사기가 떨어지자, 도중에 무기를 버리고 밤을 타서 달아나는 자가 많았습니다. 고려군은 압록강에 있는 위화도에 도착하였습니다.

비는 계속 내렸습니다.

“음, 도저히 안 되겠다! 다시 한 번 상감 마마께 아뢰어 봐야겠구나. 이러다간 우리 군사들만 다 잃고 말겠어.”

이성계는 우왕에게 사람을 보내서, 승산이 없는 전쟁이므로 회군(군대를 원래대로 되돌림)할 것을 간청하기로 했습니다.

"지금은 모든 것이 아주 나쁜 상태입니다. 무더위와 습기로 활이 풀리고 갑옷이 무거워, 군사와 말이 모두 피곤에 지쳐 있습니다. 이렇게 사기가 저하된 상태로는 접전을 벌인다고 해도 승리를 다짐하기 어렵습니다. 부디 회군하도록 허락하여 주시옵소서."

이성계는 다급한 마음으로 사자를 평양에 보냈으나 우왕의 허락을 받아 내지 못하였습니다.

"아, 어쩌면 이렇게도 상황을 몰라 주신단 말인가! 정말 야속하구나!"

이성계는 괴로웠습니다. 이제 눈앞에 펼쳐져 있는 압록강만 건너가면 명나라를 침공한 것이 되므로 전쟁은 피할 수 없게 됩니다. 전쟁을 시작하면 어떤 엄청난 화가 돌아오는지 모릅니다. 수많은 애매한 백성이 전쟁의 와중에 목숨을 잃을 것이고, 여러 고을이 불타고 쑥밭이 될 것입니다. 백성을 구하기 위해서도 전쟁을 일으키지 않아야 했습니다.

이성계가 어찌할 바를 모르고 괴로워하고 있는데, 이상한 소문이

고려군 사이에 꼬리를 물고 퍼졌습니다.

"이성계 장군이 자기 병사를 거느리고 동북면으로 돌아간다."

이 말은 즉시 조민수에게 알려졌습니다. 조민수는 깜짝 놀라서 이성계에게 달려왔습니다.

"이 장군! 장군이 가면 나는 어찌하란 말이오?"

"허허허. 무슨 소리를 하시오? 나는 돌아가지 않소이다."

이성계는 헛소문이라는 것을 알리고 웃었습니다.

"아, 그렇소이까? 군사를 돌려 돌아가신다는 말을 듣고, 내 간담이 다 서늘하였소이다. 하하."

조민수는 이성계의 말을 듣고서야 안심하였습니다.

이성계는 조민수가 장막에 오자, 부하 장군들을 모았습니다.

"나는 전쟁터에서 자란 사람이오. 지금까지 어떤 싸움을 만나든지 겁낸 일은 결코 한 번도 없었소. 이번 싸움을 걱정하는 것은 큰 나라의 대군을 만나서 우리 고려군이 전멸을 하면 우리 나라에는 이들을 막을 군사가 없기 때문이오. 나라가 위태하고, 백성이 수없이 죽어 갈 것이오. 이것을 알고도 막지 못하니 가슴이 답답하고 걱정이오."

이성계는 나라 일을 걱정하였습니다.

"장군님! 이대로 손을 놓고 걱정만 하고 계실 일이 아닙니다. 위태로운 것은 어떻게 해서든지 막아야 합니다."

장군들이 이성계를 따를 뜻을 밝혔습니다.

"음, 나는 결심했소. 우리 나라를 수호하는 길은 회군하는 길밖에 없소. 나는 이제 군사를 돌이켜서 회군하려 하오. 왕명에는 거역하는 불충한 일이지만, 임금께서 전쟁을 일으키도록 충동질시킨 무모한 자들을 몰아 내려 하오. 여러분들은 어떻게 생각하시오?"

그렇지 않아도 어려운 때 전쟁을 일으킨 것에 불만을 품고 있던 장군들은, 한 목소리로 이성계의 뜻에 따르기로 하였습니다.

"맞습니다. 장군님의 명령에 따르겠습니다."

"이성계 장군님이 회군을 결정하셨다. 우리는 돌아간다!"

"와! 돌아가자!"

"쓸데없이 전쟁을 일으켜 백성을 괴롭히는 간신을 몰아 내자!"

고려의 군사들은 회군하게 된 것을 모두 기뻐했으며, 전쟁을 일으키려는 대신들에 대해 원한을 품게 되었습니다.

고려군은 5월 22일, 위화도를 떠나서 평양으로 진군하였습니다.

"이제 고려는 끝났다. 나라의 운이 다했나 보다."

왕명을 어기고 마음대로 회군하여 임금을 향해 군사를 몰고 가니, 반란이나 다름없었습니다.

"오히려 잘 되었지. 힘없이 이리저리 밀리는 왕실보다는 강하고 줏대 있는 강한 왕실이 필요해!"

백성들은 어지럽고 힘이 없는 조정에 지쳐 있었기 때문에, 보다 백성을 안정되게 이끌어 줄 강력한 나라를 원했습니다.

그 때 우왕은 성주(성천) 온천에서 목욕을 하다가 이 놀라운 소식을 듣게 되었습니다.

"아니, 뭐라고? 이성계가 회군을? 회군을 하고 있다고?"

"네, 그러하옵니다. 출전했던 4만의 고려군이 모조리 평양을 향해서 달려오고 있다고 합니다."

"아! 이, 이런 일이!"

우왕은 너무나 놀라 말을 잇지 못하였습니다.

"빨리 개경으로 돌아가자!"

우왕은 최영과 함께 개경으로 돌아갔습니다. 그러나 개경을 지켜 줄 군사조차 넉넉하지 않았습니다. 모두 출전을 시켰기 때문이었습니다.

6월 3일, 드디어 이성계의 군사는 개경을 완전히 포위하고 공격을 시작하였습니다. 조민수의 군사는 숭인문으로 공격해 들어가다가 강력한 최영의 군사에게 쫓겼습니다. 그러나 이성계의 군사는 성문을 뚫고 성 안으로 들어가는 데 성공하였습니다.

최영은 우왕과 영비와 함께 팔각전에 숨어 있다가 이성계의 군사들에게 잡혔습니다.

"이 일을 주동한 최영을 죽여야 합니다."

여러 사람들이 주장하였지만, 이성계는 대답하지 않았습니다.

지난 30년 동안 피비린내가 진동하는 전쟁터에서 늘 같이 싸운 전우에다가 자기에게 도움을 많이 주었기 때문이었습니다.

"아니다. 최영을 옥에 가두도록 하라."

이성계는 죽이는 것을 허락하지 않았습니다.

그러나 최영은 그 후 고봉으로 귀양 보내졌다가 합포·충주로 옮겨진 후 끝내 죽음을 당하였습니다. 이 날은 고려라는 배가 가라앉지만 않았을 뿐, 다시 회복할 수 없도록 뒤집혀진 날이었습니다.

6월 4일, 조민수가 좌시중이 되고, 이성계가 우시중이 되었으며 조준이 대사헌이 되었습니다. 우왕은 임금 자리에 앉아 있을 뿐 허수아비가 되었습니다. 우왕은 이성계가 두려워 벌벌 떨며 지내야 했습니다.

이성계를 따르는 장군들은 조민수가 이성계보다 높은 벼슬에 오른 것을 좋아하지 않았습니다.

"조민수를 그대로 두면 장군님께 큰 방해가 될 것입니다. 조민수는 장군님에게 도움이 될 사람이 아닙니다. 하루빨리 제거하시옵소서."

"음……."

이성계는 잠자코 듣고만 있었습니다. 위화도 회군을 하는 데 있어서 조민수가 반대하지 않았기 때문입니다. 이성계는 자기의 회군이 임금을 쫓아 내자는 야심에서 비롯된 것이 아니란 것을 보이기 위해서, 조민수를 자기보다 높은 자리에 앉혔던 것입니다.

조선의 건국

하루하루가 초조한 우왕은 다급한 마음에 이성계를 없애기 위하여 엉뚱한 일을 저질렀습니다.

우왕은 가장 가까운 심복인 환관 김완을 불렀습니다.

"지금에 이르러 내가 믿을 수 있는 사람은 오직 너희들 환관뿐이다. 이성계를 칠 테니 나를 따르겠느냐?"

김완은 너무나 엄청난 일이라 부들부들 떨기만 하였습니다.

"빨리 모든 환관들을 모아라. 빨리 서둘러야 한다. 오늘 밤, 내가 이성계의 집을 찾아갈 것이니라."

"네, 알겠사옵니다."

그 날 밤, 우왕은 80명의 환관들에게 관복을 입히고 옷 속에 칼을 숨기게 하였습니다. 환관들은 그 길이 자신들의 권세를 지키는 길이기 때문에, 우왕의 뜻을 따르기로 했습니다.

"내가 온 것을 알면 이성계가 고개를 숙여 인사를 할 것이니라. 그 때 단숨에 칼을 빼서 처치하도록 하여라."

우왕은 환관들에게 지시하고 연(임금이 타는 수레)에 올라앉았습니다. 우왕의 행차는 어둠을 뚫고 추동에 있는 이성계의 집으로 향하였습니다.

그러나 이 우왕의 음모를 이성계 편인 궁녀가 엿듣게 되었습니다.

"세상에! 이럴 수가!"

궁녀는 즉시 이성계의 아들인 이방원에게 이 소식을 알렸습니다.

이방원은 재빨리 말을 달려서 추동으로 갔습니다. 추동에는 우왕의 행차가 도착하여 대문을 두드리고 있었습니다. 때마침 이성계는 집에 없었기 때문에, 우왕은 뜻을 이루지 못하고 돌아갔습니다.

다음 날, 이 일로 인하여 우왕은 왕위에서 쫓겨나서 강화로 귀양을 갔습니다.

'누구를 왕위에 추대해야 하느냐?'

이 문제로 이성계는 처음으로 조민수와 의견을 달리하게 되었습니다. 우왕이 신돈의 아들이라면 신씨이고 공민왕의 아들이라면 왕씨입니다. 그러나 대부분의 사람들은 우왕을 왕족으로 생각하지 않았습니다.

이성계가 여러 대신들과 의논하여 왕씨의 왕족 중에서 선정하기로 결정하였습니다. 그래서 신종의 7대손인 정창 부원군을 임금으로 삼기로 하였습니다. 그런데 조민수는 공민왕의 왕비였던 정비와 이색과 의논하여 우왕의 아들인 창왕을 왕위에 올렸습니다.

6월 9일, 아홉 살 된 어린 왕자가 왕위에 오르니, 고려 제33대 창왕(昌王)입니다. 조민수는 어린 왕을 모시고 자기 세력을 키워 갔지만, 이성계와 맞설 수 없었습니다.

11월에 강화도에 귀양 가 있는 우왕을 다시 임금의 자리에 앉히려는 무리들이 이성계를 죽이려던 사건이 일어났습니다. 그 일로 창왕은 임금이 된 지 겨우 다섯 달 만에 쫓겨났고, 정창 부원군이 고려 마지막 왕인 공양왕이 되었습니다. 이성계는 조민수를 몰아내고 심덕부를 문하 시중에 앉혔습니다. 결국 이성계는 우왕과 창왕을 다 폐하고, 조민수마저 그의 고향 마을로 쫓아 보낸 것입니다.

공양왕 2년에는 김종연의 무리가 모반하려는 사건이 또 사전에

발각되었습니다. 이성계는 처음으로 문하 시중이 되고, 정몽주가 수문하 시중이 되었습니다.

인제는 임금을 비롯하여 문무 백관이 모두 이성계의 숨소리에 귀를 기울여야 하였습니다. 모든 정치는 이성계에 의하여 이루어졌습니다.

1392년 3월, 이성계는 신임하는 부하들을 거느리고 오랜만에 황해도 해주로 사냥을 떠났습니다. 그런데 거기서 이성계는 그만 말에서 떨어져 큰 부상을 당했습니다. 펄펄 날고 뛰던 이성계가 꼼짝도 못하게 된 것입니다. 이성계의 세력들이 일부는 세자를 따라 명나라에 가 있고, 일부는 해주의 사냥터에 나가 있었으므로, 서울인 개경에는 별로 없었습니다.

"하늘이 준 기회다!"

왕덕은 공양왕과 정몽주에게 이성계의 세력을 뽑아 버릴 좋은 기회라고 역설하였습니다. 평소 이성계의 세력이 너무 강대하다고 걱정하던 정몽주는 왕덕의 말이 옳다고 생각하였습니다.

이리하여 정도전과 조준을 먼 곳으로 귀양 보내고, 이성계를 따르던 남은과 윤소종 등을 벼슬에서 쫓아 냈습니다.

"아버님을 빨리 개경으로 옮깁시다."

이방원은 개경을 오래 비워 두면 큰일이 날 것이라 판단하고, 아버지를 자비에 태우고 개경으로 급히 돌아왔습니다.

'정몽주가 큰 걸림돌이다! 그를 그대로 두어서는 안 된다.'

이방원은 기회를 엿보아서 정몽주를 없애려고 하였습니다.

정몽주는 이성계의 소식을 듣고 그의 집으로 문병을 갔습니다. 문하 시중이 앓아 누웠는데 수문하 시중이 문병을 안 갈 수가 없었습니다.

이방원은 정몽주가 아버지의 방에서 나오는 것을 기다렸습니다. 문병 온 것에 감사의 인사를 정중하게 한 이방원은 차 대접을 하겠다고 하며 정몽주와 마주 앉았습니다. 이방원은 이번에 벼슬자리에서 내쫓긴 사람들을 구제해 달라고 정몽주에게 간청하였습니다.

"허, 미안하외다. 내 힘으로 처리할 수 있는 일이 아니오. 왕명이니 어쩔 수 없소이다."

정몽주는 한 마디로 거절하였습니다.

이방원은 정몽주에게 시 한 수를 읊어 주었습니다.

이런들 어떠하며 저런들 어떠하리.
만수산 드렁칡이 얽혀진들 어떠하리.
우리도 이같이 얽혀서 백년까지 누리리라.

이방원은 정몽주에게 자기네와 한편이 되는 게 어떻겠느냐는 뜻을 던졌습니다. 절개를 굽히고 한 무리가 될 것을 넌지시 떠보는 시였습니다. 이 시조를 '하여가(何如歌)'라고 합니다. 이방원의 마음을 담은 시를 말없이 듣고 있던 정몽주도 곧 시 한 수를 지어서 답하였습니다.

이 몸이 죽고 죽어 일백 번 고쳐 죽어
백골이 진토되어 넋이라도 있고 없고
임 향한 일편 단심이야 가실 줄이 있으랴.

정몽주는 이성계를 따르는 무리들이 이성계를 왕으로 추대하

려는 움직임을 알고 있었습니다. 그러므로 이를 방지하고 기울어 가는 고려를 지키고자 애썼습니다. 말하자면, 쓰러져 가는 고려의 마지막 충신이라고 할 수 있습니다. 정몽주는 자신의 안타까운 충심을 시에 담아서 방원에게 답하였습니다. 이 시조를 '단심가(丹心歌)'라고 합니다.

정몽주가 이성계의 집을 나서자, 이방원은 조영규에게 눈짓을 하였습니다. 마음을 돌리지 않는 정몽주를 제거하라는 명령이었습니다. 단심가를 들은 이방원은 정몽주가 끝까지 자기편이 되어 주지 않을 것을 알게 된 것입니다. 자기들의 일에 큰 걸림돌이 될 정몽주를 살려 둘 수는 없었습니다.

집으로 돌아가기 위해 정몽주가 선죽교를 건너는데, 한 떼의 무리가 달려오면서 철퇴를 세차게 휘둘렀습니다.

"악! 으악!"

정몽주는 그 자리에서 피투성이가 되어 쓰러졌습니다. 고려를 지탱하는 마지막 기둥이 비참하게 쓰러진 것입니다.

정몽주가 죽자, 정몽주를 따르는 무리들이 쫓겨났습니다. 하늘을 찌르는 이성계의 세력에 대항하는 사람은 아무도 없었습니다. 1392년 7월 12일, 공양왕이 왕위에서 물러나니 고려 475년의 역사는 막을 내렸습니다.

닷새 후인 7월 17일, 수창궁에서 백관들이 모여 이성계를 왕위에 추대하였습니다.

"천세 천세 천천세! 만세 만세 만만세!"

조선 왕조를 축복하는 백성들의 함성 소리가 대궐을 에워쌌습니다. 이성계는 조선 왕조 5백 년을 여는 첫 번째 임금인 태조가 되었습니다.

아들로 이어진 화약 연구

조선의 첫 임금인 이성계는 최무선을 잘 알고 있었습니다. 전에 여러 차례 최무선과 함께 싸움터에 나가 큰 공을 세웠던 일이 있었기 때문이었습니다.

"부디 나를 도와서 조정에 나와 일해 주시오."

조선의 태조(첫 임금) 이성계는, 최무선에게 더 높은 벼슬을 내리고 조선을 위하여 일해 달라고 부탁했던 것입니다. 새 나라를 튼튼히 일으키려면 여러 방면에서 뛰어난 일꾼들이 많이 필요했습니다.

그러나 최무선의 생각은 달랐습니다.

'충신불사이군(忠臣不事二君).'

충신은 두 임금을 섬기지 않는다는 뜻입니다. 여기서 두 임금을 섬기지 않는다는 것은 두 나라에 충성하지 않는다는 의미입니다. 선왕이 죽고 다음 왕을 섬기는 것과는 다른 뜻입니다. 그랬기 때문에 나라가 바뀌면 새 나라를 따르지 않고 벼슬자리에서 물러나 지조를 지키는 사람들이 많았습니다. 이성계가 임금이 되어 새 왕조를 시작하였을 때도 '충신불사이군'이라 하여 벼슬을 버리고 떠난 사람이 많았던 것입니다.

최무선도 그런 생각을 가진 사람들 중의 한 사람이었습니다. 전쟁을 함께 치르며 이성계와는 가깝게 지내는 사이였지만, 조선에서 벼슬을 할 수는 없다는 생각에서였습니다.

"소신은 나이가 너무 많사옵니다."

최무선은 너무 늙어서 조정에 나아가 일을 볼 수 없다고 사양하였습니다. 그리고 집에 들어앉아 책을 쓰는 일에만 열중하였습니다.

'나도 어느덧 늙어서 기력이 약해졌어. 인제 내 평생에 걸쳐 애써 연구해서 얻은 화약 만드는 기술을 책으로 써야겠다. 후손들에게 중요한 과학 기술을 글로 써서 남겨야 해. 그래야 내가 죽고 난 후에도 계속 그 기술을 발전시켜 나갈 수가 있을 게야.'

그는 자기가 죽은 후에라도 다른 사람이 화약을 계속 개량하고 발전시켜서 과학의 발전에 큰 도움을 줄 것이라 믿었습니다. 그래서 곧 방 안에 틀어박혀서 글을 쓰기 시작하였습니다.

최무선은 글을 쓰면서 이런 소원을 가졌습니다.

'내 아들 해산이 아비의 뒤를 이어 화약 연구를 계속해 준다면 얼마나 좋을꼬! 그러면 반드시 나라에 큰 보탬이 될 텐데…. 나라가 평화로우려면 결국 어떤 침략에도 든든하게 맞설 수 있는 강력한 국방이 되어 있어야 한다. 우수한 무기를 끊임없이 개발할 필요가 여기에 있는 것이다.'

이런 간절한 바람을 담고 최무선은 화약과 무기에 관한 매우 중요한 책을 두 권 썼습니다. '화약수련법'과 '화포법'이란 책이었습니다. 이 책만 가지면 누구든지 화약과 화포를 만들 수 있도록 아주 자세히 씌어 있습니다.

책을 쓰느라고 심혈을 기울였던 최무선은 책을 끝내자마자 기력이 다하여 몸져눕고 말았습니다.

최무선은 조용히 아들 해산을 불렀습니다.

"이제 세상 뜰 날이 멀지 않은 것 같구나. 해산아, 네가 내 뒤를 이어 나라에 큰 일을 할 수 있는 과학자가 되어 주길 바란다. 이 책 속에 내가 연구해 놓은 화약 기술과 화포에 대한 내용이 자세히 적혀 있느니라. 잘 간수해 두었다가 나라를 위하여 유익하게 쓰도록 해라."

최무선은 그 동안 정성들여 쓴 책 두 권을 아들에게 주었습니다. 해산은 정중하게 두 권의 책을 받아 들었습니다.

"아버님 말씀을 따르겠습니다.

최선을 다해 연구해 보겠습니다."

"그래. 고맙다, 해산아."

최무선은 가족과 친척들이 지켜 보는 가운데 조용히 숨을 거두었습니다. 때는 1395년 봄이었습니다.

몇 년 후, 나라에서는 최무선의 공덕을 기리고 화약에 대한 연구와 그 필요성을 절실히 느껴, 아들 최해산을 군기감의 관리로 임명하였습니다.

새 관리로 임명받은 해산은, 아버지가 이룩해 놓은 공로를 욕되지 않게 하려는 마음가짐으로 군기감에서 열심히 일하였습니다. 그리하여 1407년에는, 앞서 아버지가 만들었던 화약보다 훨씬 나은 화약을 만들어 냈습니다. 또 '화차'와 '완구'라는 무기도 새로 발명하였습니다.

화차는 화약을 장치하여 쏘면서 달리게 되어 있는 수레이고, 완구는 크고 작은 화약 폭탄을 넣어 쏘는 대포와 같은 것입니다. 우리 나라에는 그 때까지 전혀 없었던 새로운 것들이었습니다.

이렇게 하여, 최해산은 조선 초기에 200문밖에 없던 화포를 1만

3천여 문으로 늘리고, 화포를 쏠 수 있는 기술을 가진 포병도 1만 명이나 늘렸습니다. 다시는 왜국이나 중국이 섣불리 우리 나라를 넘보지 못하게 국방을 튼튼히 하였습니다.

강력한 무기를 가진 나라한테는 함부로 덤비지 못하는 법입니다.

"아버님께 부끄럽지 않은 아들이 되렵니다."

당시 최해산이 만든 새로운 화약은 그 성능이 대단히 뛰어났습니다. 멀리 중국 사람들까지도 그 성능의 뛰어남에 놀라서 칭찬을 했다고 합니다.

그 동안 임금이 바뀌어, 세종 대왕이 나라를 다스리게 되었습니다.

세종 대왕은 우리 나라 임금 중 가장 훌륭한 분으로 꼽히는 분입니다. 특히 문화와 과학 발전에 많은 힘을 기울였습니다. 1418년에 형인 양녕 대군이 세자의 자리에서 폐위되자, 세자에 책봉된 후 태종의 양위를 받아서 22살의 나이로 왕위에 올랐습니다.

그는 현명하고 학문을 즐겼으며, 경제·외교·문화 등 여러 방면으로 많은 성과를 올려 조선 왕조의 기틀을 확고히 하였습니다.

1420년에 집현전을 설치하여 우리글인 훈민정음 28자를 반포하였고, 그 실행과 보급에 힘썼습니다. 군사적인 방비에도 힘을 써서 6진을 개척하고, 4군을 설치하여 거의 현재의 영토를 확보하였습니다. 1419년에는 이종무에게 명하여 왜구의 소굴인 쓰시마를 정벌하기도 하였습니다.

전쟁이 일어날 때마다 최무선이 만들어 낸 화약과 화포는 많은 군사들이 싸우는 것보다도 더 큰 승리를 안겨 주었습니다.

최해산은 그 후에도 끊임없이 연구에 힘써서 많은 일들을 이룩했습니다.

최무선와 그의 아들 최해산!

두 부자가 우리 나라의 과학 발전에 이루어 놓은 큰 공은, 그들의 나라를 사랑하는 마음과 함께 역사 속에 오래오래 빛날 것입니다.

연 보

연 대	나이	최무선의 생애와 업적
?		고려의 서울인 개경(지금의 개성. 북한에 있음)에서 태어나다.
1331년		고려에서 새 은병을 사용하기 시작하다.
1337년		고려인의 무기 소지 및 기마를 허락하다. 최무선, 말 타기를 배우다.
1339년		충숙왕이 승하하다.
1347년		고려의 자주성을 보이기 위해 조정에서 기황후의 동생을 체포하여 하옥시키다.
1349년		강릉 대군인 기가 원나라에서 노국 공주와 결혼하다.
1350년		왜구가 고성과 거제 등지에 침입하다. 이로써 왜구의 침입이 시작되다.
1351년		강릉 대군인 기가 공민왕이 되어 귀국하다. 이제현, 문하 시중이 되다.

연 보

연 대	나이	최무선의 생애와 업적
1352년		나라에 원나라의 풍습인 변발이 폐지되다. 왜구, 교동 섬에 나타나다.
1354년		최영과 유탁이 원나라의 요청을 받고 수군을 이끌고 원나라에 가다.
1356년		유인우가 쌍성 총관부를 수복하다. 이자춘과 이성계 부자가 고려의 장군이 되다.
1358년		계속적인 왜구의 침입이 이어져서, 남해와 서해의 조운이 막히다. 최무선, 이 무렵 독자적으로 화약 연구를 시작하다.
1359년		홍건적이 침입하여, 서경이 함락되다. 예성강 하구 및 승천포에 왜구가 침입하다. 최무선, 화통 연구를 시작하다.
1362년		홍건적이 송도를 점령하다. 공민왕은 복주로 피란하다. 정세운과 안우가 홍건적을 크게 무찔러 승리하다.
1365년		노국 공주가 아기를 낳다가 세상을 떠나다. 공민왕은 왕비를 여의자 정치에 뜻을 잃다. 승려인 신돈을 중

연 보

연 대	나이	최무선의 생애와 업적
		용하여, 토지 개혁과 노비 제도 개혁 등 많은 업적을 올리다.
1368년		동녕부를 치고 원나라의 잔당이 머무르는 북원을 공격해서 원나라와의 관계를 끊다.
1371년		신돈이 피살되다. 왜구의 계속적인 침략이 이어지다.
1374년		공민왕이 시해되다. 공민왕의 뒤를 이어서 우왕이 즉위하다.
1376년		원나라의 이원에게 화약 제조법을 배우다.
1380년		왜구가 대거 침입해 들어오자, 부원수가 되어 전라도 진포(금강 하구)로 나가 처음으로 화통·화포 등을 사용하여 왜구 500여 척을 전멸시키다. 이성계, 운봉에서 왜구를 크게 무찌르다. 아들 해산이 태어나다.
1383년		전라 안무사 정지가 관음포에 침입한 왜구를 최무선의 화통으로 모두 무찌르다. 남해와 서해에 왜구의 침입이 차단되다.

연   보

연 대	나이	최무선의 생애와 업적
1388년		위화도 회군이 일어나다.
1389년		창왕이 새로 임금 자리에 오른 후, 최무선은 늙어 기력이 약해지자, 화약 만드는 기술을 책으로 써서 남기기로 결심하고 글을 쓰기 시작하다.
1395년		봄, 최무선은 가족과 친척들이 지켜 보는 가운데 조용히 숨을 거두다. 의정부 우정승에 추증되고, 영성부원군에 추봉되다.
1400년		나라에서는 최무선의 공덕을 기리고 화약에 대한 연구와 그 필요성을 절실히 느껴, 아들인 최해산을 군기감의 관리로 임명하다.
1407년		최해산은 앞서 아버지가 만들었던 화약보다 훨씬 나은 화약을 만들어 내어, 우리 나라의 과학사에 큰 업적을 남기다. 또 '화차'와 '완구'라는 무기도 새로 발명하다.

화포장군 최무선

2판 1쇄 발행 2002년 1월 5일
2판 4쇄 발행 2012년 4월 20일

엮은이
엄 기 원
그린이
오 윤 희
펴낸이
조 병 철
펴낸곳
한국독서지도회

경기도 일산동구 장항동 680
TEL (031)908-8520 · FAX (031)908-8595
출판등록:1997년 4월 11일 (제 406-2003-016호)